ORDENA
TUS
EMOCIONES

ORDENA TUS EMOCIONES

NOMBRA LO QUE SIENTES
Y APRENDE A MANEJARLO

Jennie Allen

Traducción de Juan Luis Delmont

ORIGEN

Título original: *Untangle Your Emotions*
Primera edición: febrero del 2024

Esta edición es publicada bajo acuerdo con WaterBrook,
un sello Random House, una división de Penguin Random House LLC
Publicado en asociación con Yates & Yates, www.yates2.com

Traducción: Juan Luis Delmont

A menos que se indique lo contrario, todas las citas bíblicas fueron tomadas de la Santa Biblia,
Nueva Versión Internacional, NVI, ©1973, 1978, 1984, 2011.

Impreso en Colombia / *Printed in Colombia*

ISBN: 978-1-64473-917-4

Hace dos años encontré el camino hasta un pequeño grupo
comprometido a vivir incondicionalmente.
Me ayudaron a encontrar de nuevo mis sentimientos.

Gracias por no irse nunca de la sala,
Jess, Linds, James, Mel, Annie, Toni y
Dr. C.

Estas palabras fueron escritas, vividas y sentidas profundamente,
gracias a Jesús, a través de la presencia de ustedes en mi vida.

Os daré corazón nuevo y pondré espíritu nuevo dentro de vosotros; y quitaré de vuestra carne el corazón de piedra y os daré un corazón de carne.

Ezequiel 36:26

Dios, queremos que nuestros corazones estén enteros, vivos, palpitantes, cargados de sentimientos, plenos, vinculados a ti y a los demás.

Ayúdanos.

CONTENIDO

CUARTA PARTE

Sintiendo el camino a seguir

PRIMERA PARTE

Somos un pequeño desastre

1

¿DE DÓNDE VINO *ESO*?

El año pasado se casó nuestra hija mayor, Kate y la verdad es que fue un día soñado: el clima era espléndido, el lugar era idílico y, mirara donde mirara, veía las caras de nuestros seres más queridos. Todo fue espectacular. Mi marido Zac y yo, adoramos a nuestro yerno, Charlie y aprobamos sin reservas esa unión. Tanta expectativa. Tanta gratitud. Tanta alegría.

Y entonces, pasada la boda, mi corazón naufragó rápidamente.

Con todo lo bueno que trae la boda de un hijo, hay algo malo que nadie te advierte. Porque en el instante en que Kate abandonó nuestro núcleo familiar —el formado por Zac y yo y sus hermanos y hermana—, ella y Charlie se convirtieron en su propia pequeña familia de dos.

La *audacia*.

Y se pone peor.

Kate y Charlie empezaron a hablarnos a Zac y a mí sobre unos ridículos sueños, como la mayoría de los veinteañeros, usando palabras como aventura, viajes y diversión (todas ellas palabras que usé con mis padres, lo que se siente como no hace mucho). Una noche durante la cena, mi hija tuvo el descaro de mirarnos a su padre y a mí y, con la mayor tranquilidad, nos dijo una frase tonta con un montón de palabras que realmente no escuché y otras tres frases que sí: "fuera del estado", "quizá fuera del país", "no para siempre, claro, pero sí por unos años."

Un momento. ¿Cómo?

¿Una temporada de aventura?

¿Una temporada de aventura alejados de mí?

Las paredes de la estancia en la que estábamos comiendo empezaron a cerrarse. Mi pecho, que momentos antes se había sentido a la medida de mi cuerpo, era ahora dos tallas demasiado chico para que mi corazón pudiera latir. Mis vías respiratorias se estrecharon. ¿En qué nuevo infierno me había metido con la cabeza por delante? No era racional, lo sabía. Lo sabía en mi cabeza, pero me estaba pasando algo más grande que saber la respuesta correcta.

No mostré nada. Me pegué una sonrisa a la cara. Miré a mi hija a los ojos, "afable y serena, Jennie. Eso es, eso es" y me concentré en respirar con calma. No era asunto mío y lo sabía. Pero también era igual de cierto que: el asunto era totalmente mío.

Afortunadamente no hice erupción esa noche. No me derrumbé llorando a mares. No me desmayé ni me enfurecí, ni me desmoroné. Salí de aquello entera. Pero, a la semana siguiente y a la siguiente y a la siguiente, en conversaciones casuales con Kate, el tema continuaba saliendo. De nuevo mi pecho y mis vías respiratorias me decían que esto no era nada. No, no. Esto, lo sabía, era algo.

Cognitivamente entendía que quería que Kate y Charlie se fueran, crearan y vivieran su propia hermosa historia, fuera lo que fuera que eso significara. Entonces, ¿por qué mi cuerpo y mi corazón no se ponían de acuerdo?

NO PUEDO DEJAR DE SENTIRLO

Permítanme una pregunta: ¿Alguna vez han tenido una respuesta emocional desproporcionada ante una situación que no debía haberlos afectado de manera tan dramática?

Permítanme otra más: ¿Alguna vez se han detenido a pensar cuál podría ser la razón de esa respuesta desproporcionada?

Siempre hay cosas detrás de las cosas. No somos criaturas simples. Incluso los que nos empeñamos en llevar una vida estable y sin cargas emocionales, estamos moldeados por un millón de pequeños momentos que permanecen en nosotros. Esos momentos conforman quiénes somos, cómo pensamos y cómo reaccionamos —y, sí, cómo sentimos— en un momento determinado, ante una circunstancia determinada.

Una de las muchas cosas que he aprendido y que quiero compartir contigo en las próximas páginas, es que esas reacciones exaltadas cuentan un relato; una historia sobre algo que hemos vivido. Apuntan a algo profundamente arraigado que no ha sido abordado en nuestro corazón.

Experimentamos algo impactante. Reaccionamos a ello reprimiendo nuestros sentimientos, minimizándolos o ignorándolos por completo. Entonces se nos presenta otra situación, algo que ni siquiera es para tanto y perdemos los estribos. Nos descargamos con un ser querido. Nos ponemos catastrofistas. Lloramos hasta quedar sin aliento.

Y luego nos arrepentimos de lo que hicimos.

¿Por qué enloquecimos?

¿Por qué ofendimos a nuestro cónyuge?

¿Por qué hicimos sentir mal a nuestro hijo, o le gritamos a nuestro compañero de habitación?

¿Por qué hicimos esa suposición insensata, reprochamos, amenazamos y salimos dando un portazo?

¿De qué se trataba? ¿Qué había por debajo de todo eso?

Respuesta corta: MUCHO, como nos mostrarán la ciencia y la Biblia.

En algún momento, tal vez por cosas que oí en la iglesia o simplemente a medida que fui creciendo, aprendí que no estaba supuesta a estar triste, enfadada o asustada. Tenía que estar bien y por eso necesitaba que tú también lo estuvieras. O tal vez sea solo porque odio la sensación de estar fuera de control y creí que esos sentimientos eran demasiado aterradores y estar en una situación difícil… demasiado angustioso.

Cada vez que experimenté tristeza, miedo, ira —emociones que he sido condicionada a no querer sentir— mi cerebro se dedicó enseguida a rechazar el sentimiento como si fuera un virus. Mi cerebro ataca al sentimiento, lo somete a juicio, lo condena y me dice por qué no debería sentirlo del todo. Me dice cómo todo va a estar bien. Me ladra todas esas órdenes sobre lo que tengo que hacer para que pueda dejar finalmente de sentir lo que siento.

Peor aún, a veces cuando compartes conmigo tu tristeza, miedo o rabia, te hago a ti la misma estupidez.

Lo siento.

Está mal y lo siento. **Tus sentimientos, mis sentimientos, no son cosas malas que haya que rechazar**.[1]

Los sentimientos no se pueden rechazar, por cierto. Aunque seas el embutidor más efectivo que haya existido, la persona que mejor sumerge sus sentimientos en lo más profundo, tan hondo que piensas que nunca serán encontrados, estoy aquí para decirte que esos sentimientos no se marchan en silencio. La gente que te conoce sabe que están ahí. Y si eres sincero, también tú sabes que están.

Ese indicio de rabia que sentiste hacia tu padre, el miedo al rechazo que sentiste con tu familia, los esfuerzos que te agotaron en la escuela o en el trabajo, los celos que asoman cada vez que estás en casa de tal o cual amigo, la amargura que cintila cuando hablas de por qué no tienes hijos todavía, la desesperación que sientes en las entrañas cada vez que piensas en la persona que amas, enterrada. Sé que piensas haber empacado todas esas cosas bien seguras en una caja aparte para no tener que volverlas a ver.

Pero, inevitablemente saltarán en los momentos más inesperados, como durante una cena encantadora en la que tu hija está simplemente soñando cosas bonitas.

Cualquiera que haya sido la situación detonante, en algún instante que día o la semana siguientes o incluso más adelante, miras hacia atrás y ves al catalizador —y tu respuesta— pensando: "¿Por qué demonios dije (o hice) eso?".

Te preguntas: "¿Cómo es posible que esos sentimientos se apoderaran de mí?". Y te preguntas por qué no jugaron limpio.

¿Quieres saber la verdad? Estaban jugando limpio.

O, de cualquier manera, jugaron de forma previsible.

Porque esos sentimientos están ligados a algo muy real en tu pasado o presente, algo que ES absolutamente importante para ti, estés o no dispuesto a admitirlo.

Los sentimientos no se pueden rechazar.

No se pueden ignorar ni descartar.

Ellos intentan decirnos algo.

EL MIEDO DETRÁS DEL MIEDO

Quería mostrarme lo mejor posible ante Kate, de modo que, con eso en mente, salí disparada a ver con mi terapeuta qué estaba pasando en mi corazón y mi cuerpo cada vez que surgía el tema.

"Jennie", me preguntó, "¿cuándo experimentaste por primera vez la sensación que tienes cada vez que Kate habla de mudarse?".

Mi mente se disparó a una escena. ¿Te ha pasado alguna vez? No estaba buscando ese recuerdo en particular, pero en una milésima de segundo, allí estaba, exigiendo ser visto.

Estaba de pie en el largo y frío pasillo del hospital, justo fuera de la habitación de mi marido, suplicándole a Dios en silencio que le salvara la vida, a pesar de unos informes bastante graves.

"No es humano", me había dicho el médico después de revisar los resultados de la presión sanguínea de Zac. "Los humanos no pueden conservar la vida con una presión arterial tan ridículamente alta."

Había sufrido un Ataque Isquémico Transitorio, un pequeño accidente cerebrovascular y no lograba pronunciar correctamente las palabras.

A pesar de que se habían reunido a su alrededor ocho médicos altamente calificados y de gran renombre, nadie lograba saber por qué su presión arterial seguía disparada.

"Por favor, recen." Ese era el mensaje de texto que le enviaba a todos los que nos querían mientras recorría aquellos asépticos pasillos.

"Por favor, recen."

"Por favor, recen."

"Por favor, recen."

Extrañamente, me mantuve emocionalmente entera mientras Zac yacía en la cama del hospital. ¿Has oído la teoría de que si entramos en estado de shock cuando estalla una crisis es para no derrumbarnos por completo?[1] Es como si nuestro cerebro o nuestro cuerpo, o una combinación de nuestro cerebro y nuestro cuerpo, miraran nuestra situación y murmuraran: "Escuchen, si no la apagamos por completo, nunca saldrá viva de esto."

A lo largo de los días que Zac estuvo atrapado en el hospital, mi mente estuvo despejada. Mi memoria era aguda. Mis reflejos eran rápidos. Y milagrosamente, no me desmoroné bajo mis temores.

Pero hay una segunda parte de esa teoría sobre el shock que nos protege al inicio del estallido de la crisis: al cabo de unas cuarenta y ocho horas, esa cubierta desaparece. Puedo dar fe de esa parte de la teoría, porque el tercer día, justo cuando Zac volvía a casa, perdí completamente la calma.

Los médicos de Zac le habían dado de alta, no porque estuviera recuperado, sino porque, salvo darle algunos medicamentos, no había nada que pudieran hacer. Su presión arterial aún no estaba ni siquiera cerca de los rangos normales, pero eso tomaría tiempo, dijeron y mucho descanso. "Es un infarto andante", había dicho uno de los médicos sin la menor compasión. Tiene que descansar hasta que su presión sanguínea baje.

Zac lo sabía.

Yo lo sabía.

Aun así, no pudimos relajarnos.

¿Cómo se supone que alguien puede estar calmado después de recibir una noticia tan estresante?

"Descanse."

"Relájese."

"Mantenga la calma."

Él lo intentaba y lo volvía a intentar.

Por mi parte, me sentía cada vez más consumida por la ansiedad.

"Él no puede descansar."

"No puede relajarse."

"No puede mantener la calma."

Me acostaba todas las noches al lado de mi marido, despertando cuidadosamente cada una hora, para ponerle una mano en el pecho buscando unos latidos estables y comprobar si respiraba y exhalar con alivio cada vez que los sentía.

Aquella primera estadía en el hospital condujo a otras, todas conectadas por un triste hilo de citas médicas en las que a Zac le hacían pruebas, evaluaciones, consejería con sus consecuentes medicaciones. "Estoy bien", insistía Zac cada vez que le preguntaban, aun cuando era evidente que no estaba bien.

En algún momento del angustioso proceso, mi marido me miró como si por fin cayera en la cuenta de todo y dijo: "Supongo que todo este asunto es bastante serio."

"Um, SÍ."

"¿Tú crees?".

Mientras tanto, a pesar de mis mejores intentos por mantenerlo alejado, el miedo se apoderaba de mí.

"Se va a estresar."

"Se va a estresar y va a tener un ataque al corazón."

"Se va a estresar y le va a dar un infarto y me va a dejar sola."

Y eso era: no me asustaba tan solo la condición médica de Zac.

Tenía miedo de perder a mi mejor amigo. De perder la vida que conocía. De perder al protector de todos nosotros.

Tenía miedo de que me dejaran… *sola*.

MI RESPUESTA A la pregunta de mi terapeuta: "¿Cuándo te sentiste por primera vez así?" me ayudó a entender que, sin que yo fuera consciente de la conexión, cada vez que Kate hablaba de mudarse… de dejarme… mi cerebro, mi corazón, mi alma o cualquiera que sea la parte de nosotros que alberga nuestros sentimientos, volvía inconscientemente a aquella primera estadía en el hospital y a las semanas que la siguieron, hasta el momento en que estaba segura de que estaba perdiendo a Zac.

Por culpa de aquella temporada de aventuras de mi hija, iba a ser abandonada otra vez. Algo muy dentro de mí creía que no sólo estaba destinada a perder a Zac muy pronto, ahora también perdería pronto a Kate y a Charlie, mi nuevo yerno. Probablemente también, a nuestros otros tres hijos: Conner, Caroline y Cooper. Si la edad adulta significaba que un hijo se iba, ¿no lo harían todos?

Mi imaginación inconsciente pasaba por todos esos lugares mientras estaba sentada frente a Kate en una simple cena placentera y por eso no podía respirar.

Sí, todos me iban a dejar.

Iba a vivir el resto de mi vida sola.

Dramático, lo sé. Si hubiera sido consciente de ello en ese momento, habría decidido racionalmente no entrar en pánico y me habría asegurado a mí misma que no estaba perdiendo a nadie.

Pero, a menudo, las emociones no juegan racionalmente. Aparecen en un resplandor de gloria pidiendo algo.

Estaba liada en un miedo que no había reconocido del todo y que no comprendía por completo.

El asunto era: ¿qué se supone que debo hacer con este sentimiento?

2

TODO ENMARAÑADO

Debo mencionar que el mero hecho de darme cuenta de que el sueño de aventuras de Kate me estaba provocando emociones incómodas y detenerme a examinar por qué, fue un pequeño descubrimiento para mí.

Si has leído alguno de mis libros anteriores, debes de estar acostumbrado a la tendencia arregladora que fluye a través de gran parte de mis escritos. Soy una arregladora de corazón. Amo resolver problemas, ya sean míos o de los demás. Me encanta hacer miles de preguntas para llegar al fondo de lo que está pasando en realidad, para luego ofrecer una solución provechosa —con suerte, no alarmante— e inspirada en la Biblia, y así poder ayudarles a salir del atasco. En serio, si la vida es como una escuela, ese proceso es para mí como un recreo.

Ayudar a la gente a solucionar sus problemas ha sido una motivación clave detrás de mis libros anteriores y por esa misma razón fundé y dirijo IF: Gathering, una organización sin fines de lucro comprometida a ayudar a la gente a crecer en su fe y su libertad.

A lo largo de gran parte de mi vida adulta me ha encantado ese aspecto de mi personalidad, de mi perspectiva. Me parecía increíble. Creo que estarás de acuerdo en que la vida está llena de problemas. ¿Quién no tiene problemas? Y si los problemas abundan, ¿qué mejor que estar cerca de una arregladora solícita?

Yo consideraba que mi naturaleza de arregladora era un don —un don espiritual, de hecho—, pero en los últimos años, en este proceso de desenmarañar mis emociones, empecé a ver las cosas bajo una luz muy diferente.

La verdad es que estuve tan ocupada arreglando cosas, que descuidé la parte sensible de mi ser. Cada vez que sentía tristeza, miedo, ira —en realidad, cualquier emoción indeseable—, mi mente se ponía enseguida en modo defensa, decidida a librarse del sentimiento de manera muy parecida a cómo mi sistema inmune se enfrenta a un virus. Desplegaba mis tropas de pensamientos para enfrentar al sentimiento y luego lo condenaba, explicándome a mí misma por qué no debía sentirlo en absoluto.

Era ágil y eficaz.

A decir verdad, ¿quién necesita sentimientos?

No me daba permiso para sentir lo que realmente sentía. No les daba permiso a las personas de mi vida para sentir lo que en verdad sentían. Resulta que no puedes sentir los sentimientos mientras estás ocupado en arreglarlos.

Reconocer esta verdad sobre mí misma me ha suscitado una serie de preguntas. Por ejemplo: ¿por qué me apresuro tanto a arreglar situaciones, ajustar circunstancias y cambiar mis reacciones habituales ante la vida, en lugar de sentir los sentimientos que estas dinámicas provocan? ¿Por qué salto constantemente de la evaluación a la actividad? ¿Por qué soy, al parecer, alérgica a la introspección? ¿Qué temo encontrar en ella?

¿Te sientes identificado?

Si me permites ser un poco presuntuosa, te lo voy a susurrar ahora: "Te sientes identificado, lo sé. Estoy segura de que también te cuesta examinar tus sentimientos.

Parte de ser humano consiste en la búsqueda de la solución de los problemas en lugar de pasarse un rato con ellos —fue lo que nos mantuvo vivos en épocas pasadas—. Si un jabalí te pisa los talones, más vale que empieces a correr ¿no es así? No hay tiempo para considerar lo que ocurre en tu corazón y en tu mente mientras el miedo te llena el pecho. Así que aprendimos a correr. Aprendimos a huir y seguimos corriendo. No había tiempo para sacar en claro cómo nos sentíamos con las cosas, no fuera a ser que el jabalí nos alcanzara y nos pisoteara.

Como dije, valoraba profundamente mi propensión a arreglar las cosas, que veía como algo provechoso de mi parte, pero en los últimos años, a medida que he ido aprendiendo a escuchar lo que mis emociones intentan decirme, he descubierto una verdad que lo cambió todo para mí: **Los sentimientos no están hechos para que los arreglemos, sino para que los sintamos**.

Durante mucho tiempo —demasiado, la verdad— no lo entendí. No me gustaba lo que me provocaban las emociones. Por ellas se me revolvía el estómago cuando estaba nerviosa o asustada. Por ellas se me oprimía el pecho cuando recordaba que el futuro escapaba a mi control. Por ellas se me saltaban las lágrimas cada vez que uno de mis hijos se ponía difícil conmigo. Y si ellas eran las culpables de tanto malestar y dolor, ¿por qué les daba licencia para entrar y hacer lo que les diera la gana?

Mis sentimientos intentaban decirme algo importante, pero yo creía que intentaban apoderarse de mí. Y no iba a dejar que tomaran el control.

Mi propensión a arreglar las cosas me mantenía a salvo, o eso creía yo. Esa propensión me permitía huir de mis sentimientos y ayudar a mis seres queridos a huir también de los suyos. Y durante bastante tiempo, esta estrategia funcionó. Aprendí a desviarme con los mejores. Aprendí a negar lo que sentía de verdad.

Si alguien en el trabajo decía algo que me dolía, fingía que no me pasaba nada y, sin embargo, me mortificaba por eso durante la noche mientras me quedaba dormida.

Al los niños volver a casa después de un día difícil en el colegio, trataba de que recordaran las cosas buenas que habían pasado en lugar de acompañarlos en el dolor que producen las heridas.

Cuando me molestaba con mi marido, fingía que todo estaba bien y seguía con mis asuntos de ese día, solo para perder la paciencia unas semanas después a propósito de una lista de ofensas acumuladas.

Incluso cuando vivía un día soñado con mi gente alrededor, si surgía alguna felicidad o alegría, sentía una punzada de culpa porque desatendía otras cosas que necesitaban mi atención.

Me decía todo el tiempo a mí misma por qué no debía sentirme de tal o cual manera, para luego reprimir todo y volver a mis ocupaciones de ese día.

¿El lado malo? Nadie sabía lo que me pasaba de verdad.

Nadie. Ni siquiera yo misma.

NO PODEMOS SEGUIR ASÍ

Hace tres años caí en un pozo emocional del que no sabía cómo salir. Esa temporada fue precisamente la catalizadora para que escribiera este libro. Como tanta gente, salí de la pandemia sin saber cómo seguir creciendo en un mundo tan caótico e impredecible. Una noche, recuerdo que miré a Zac y le dije: "Ya no puedo seguir haciendo esto. Algo va mal. Muy mal. Y aunque no tengo palabras para explicarlo, no puedo seguir así."

Estaba entumecida.

El trabajo, los niños y la vida eran exigentes y sobrevivir a una pandemia con todas sus inseguridades e incógnitas nos había dejado a todos un poco abatidos. Estaba cansada, pero...

No estaba enloquecida.

No estaba triste.

No estaba furiosa.

No estaba fastidiada.

No estaba feliz.

No sentía nada. Eso era lo que estaba mal.

Recuerdo que pasaba casi todas las mañanas sentada en una silla, sola, con mi Biblia abierta en el regazo. Me encanta leer mi Biblia. Siempre me gustó la Palabra de Dios. Pero mientras estaba sentada esperando inspiración, mi corazón se sentía distante y frío. Sabía que algo no andaba bien y que tenía que averiguar qué era, pero la maraña parecía imposible de desenredar. Se me revolvía el estómago. Se me oprimía el pecho. Se me encorvaban los hombros. Y a menudo se podían oír mis suspiros. Todo eso eran señales de emociones no tratadas, pero yo eso no lo sabía. Lo que tampoco sabía entonces, pero empiezo a entender ahora, es que me encontraba en la mejor posición posible, que era allí en presencia de Dios, donde el único sentimiento del que parecía capaz era el simple deseo de sanar y crecer.

SI COLECTIVAMENTE estábamos tensos antes de la pandemia, entonces ahora ya pasamos de la crisis emocional. O quizá, nos hemos resignado a vivir entumecidos: "¿Cómo estoy? ¡Bien! ¡De verdad, muy bien, de lo mejor! ¡Estupendo! ¡Súper! ¿Y tú?"; o dejamos que nuestra vida la manejen nuestros sentimientos salvajes y, como resultado, nos estrellamos a cada rato. ¡Lo entiendo! De verdad, lo entiendo.

Quizá tú te cierras, como yo, cada vez que un sentimiento se te acerca. O tal vez estás en el otro extremo del espectro, sintiendo tantas cosas por minuto que no puedes imaginar cómo alguna vez en la vida le vas a encontrar sentido a todos esos sentimientos. Todos sentimos de manera diferente. Y déjame decirte que, dondequiera que caigas dentro de ese espectro, también tiene sentido y no somos tan distintos. Todos tenemos sentimientos y todos estamos intentando averiguar qué hacer con ellos.

Hace dos años, cuando sentí que mi corazón se había apagado, recuerdo pensar que daría cualquier cosa por volver a sentir, por experimentar emociones una vez más. No quería solamente sobrevivir. Quería sentir. Quería sentirme eufórica después de mantener una conversación animada con amigos a los que adoro. Quería llorar al oír en la iglesia los primeros compases del himno *Cuán grande es Él*. Quería sentir incluso emociones de frustración y dolor, si eso iba a hacer que me sintiera humana otra vez.

El entumecimiento sirve a un propósito por un tiempo, sí lo hace. Lo mismo que la conmoción transitoria que experimenté cuando Zac fue hospitalizado por primera vez, nos protege de sentir todo lo doloroso junto. Nos mantiene a flote cuando un tsunami de emociones se agolpa en nuestras vidas. Nos compra un poquito de tiempo cuando no es el momento de tomar grandes decisiones, cuando lo mejor que podemos hacer es esperar.

Es muy probable que por eso muchos sufrimos un entumecimiento emocional al salir del COVID. ¿Cómo íbamos a procesar todo lo sucedido a principios de 2020 sin perder totalmente la cabeza? Tanta confusión. Tanto temor. Tanta muerte. Fue demasiado. El entumecimiento fue nuestra red de seguridad colectiva, lo que evitó que todos cayéramos al suelo simultáneamente.

Como digo, ese entumecimiento fue un regalo; por un tiempo, en todo caso. Hasta que se convirtió en lo que nos mantenía cerrados a nosotros mismos y a nuestras emociones, aun después de que el mundo se volviera a abrir.

Hace unos años me encontré con los propósitos de vida personales de Jonathan Edwards, un predicador evangélico del siglo dieciocho. Del mismo modo que tú o yo podemos fijarnos un propósito para Año Nuevo que guiará nuestra conducta durante el año —o al menos hasta febrero, si somos como la mayoría de la gente—, Edwards escribió unos propósitos para toda su vida que revisaba una vez por semana; unos propósitos que le recordaban quién quería ser y de la existencia que quería llevar. Había setenta propósitos y el número seis era el siguiente: "Me propongo vivir con toda mi fuerza mientras viva."[2]

Parece un objetivo muy obvio —vivir mientras vivimos— ¿no es así? Pero probablemente habrás notado que es muy, muy difícil vivir con toda tu fuerza cuando te conformas con estar apático y entumecido.

Vivir apático y entumecido no es para nada vivir.

QuéDense en esa situación mucho tiempo y echarás de menos tu vida. Y nadie quiere hacer eso. **Vivir es sentir y sentir es vivir.**

Piensa en esto: ¿alguna vez has tenido la experiencia de que un familiar te haga un relato de algo que sucedió cuando tú tenías dos o tres años y, por más que lo intentes, no consigues recordarlo? Estabas vivo. Estabas presente. La situación fue impactante para otras personas que estaban allí. Pero no recuerdas lo que pasó ni por qué fue importante. ¿Por qué? Porque para ti ese recuerdo no está unido a ninguna emoción. La emoción es nuestra manera de experimentar la vida. La emoción es nuestra manera de recordar lo que pasó.

Los escáneres cerebrales muestran que las emociones desencadenan directamente una respuesta en la parte del cerebro llamada la amígdala cerebral. "La amígdala cerebral estimula el cifrado de la memoria al reforzar la atención y la percepción", dicen los investigadores del Queensland Brain Institute, "y puede ayudar a la retención de la memoria al desencadenar la liberación de hormonas del estrés, como la adrenalina y el cortisol para estimular la excitación."[3] En otras palabras, la emoción es lo que hace que los acontecimientos cuenten.

Si te pidiera que describieras un momento de tu infancia en el que te sentiste triste o enojado, ridículamente feliz, excluido o admirado, decepcionado, asustado, muy confiado, supongo que podrías elaborar una historia detallada.

Empezarías a contarme cómo te caíste de los patines y te pelaste la rodilla, cómo girabas en el tiovivo del parque de tu barrio mientras mirabas las nubes deslizarse en el cielo, cómo oías a tus padres discutir en la habitación de al lado sobre qué día dijo el tío Gene que vendría de visita, sobre la primera vez que te hicieron reflejos en el pelo y cómo te sentías en la escuela al día siguiente con ese nuevo *look*.

Guíate por la emoción y los recuerdos fluirán.

Por eso es tan perjudicial para los niños ignorar, minimizar o, en una palabra, rechazar sus sentimientos. Porque sentir es vivir y vivir es sentir. En su libro *Espiritualidad emocionalmente sana*, el pastor y ensayista Pete Scazzero escribió: "Cuando negamos nuestro dolor, nuestras pérdidas y nuestros sentimientos año tras año, nos volvemos cada vez menos humanos. Nos transformamos lentamente en cáscaras vacías con caritas sonrientes pintadas encima."[4]

Sin sentimientos, no hay vida.

Escribo este libro no sólo para ayudarnos a volver a sentir, sino también para ayudarnos a empezar a vivir de nuevo.

Para vivir con todas nuestras fuerzas.

UN PUNTO DE VISTA SOBRE LA SALUD EMOCIONAL

Hace un par de años escribí un libro titulado *Controla tu mente* en el cual exploraba extensamente el poder que tú y yo tenemos para tomar el control de nuestros pensamientos. Recuerdo que me deslumbró la sencillez del conocimiento —la fisiología, la psicología y la teología de cómo pensamos—. Es un libro útil, lleno de herramientas prácticas para que, cada vez que un pensamiento negativo intente hacernos perder el control, podamos recordar el poder que Dios nos ha dado de decidir interrumpirlo y sustituirlo. Es un libro sobre la acción, sobre la intencionalidad y sobre la esperanza. La comprensión de que podemos ejercer poder sobre nuestros pensamientos en lugar de vivir a su merced le proporcionó una nueva libertad a innumerables personas, incluso a mí misma. Suscribo cada una de las frases que ahí escribí.

Pero esto también es cierto: aun cuando escribí el libro, reconocí que hay algo que vive por debajo de nuestros pensamientos. Los pensamientos no se manifiestan de la nada. Los pensamientos están impulsados por cómo nos sentimos. Profundizar en ese tema estaba fuera del alcance de *Controla tu mente*, pero es ciertamente el siguiente paso lógico para cualquiera que quiera ser libre, entero, saludable y vinculado con Dios y su gente.

Mi recomendación es que cuando leas estos capítulos dejes entrar en el juego tanto a tu mente como a tu corazón. Deja que tu ser entero se siente a la mesa para que tu ser entero pueda aprender a vivir de nuevo de forma plena, completa y abundante; o que incluso lo haga por primera vez.

Cuando concebí este libro, me vino a la mente una imagen. Era la de una soga continua, ininterrumpida, sujeta con tensión formando la silueta de un triángulo, anclada por figuras situadas en cada una de las tres puntas: Dios, las personas que nos aman y nosotros.

La soga se extendía lisa de punta a punta; limpia, sin obstáculos, recta.

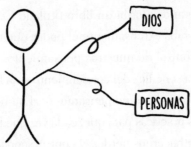

Esa soga representaba nuestros sentimientos y el modo en que deben funcionar. Como veremos en las páginas siguientes, nuestras emociones sirven para conectarnos con Dios, con los demás y con nosotros mismos. Pero esa imagen contrasta claramente con la forma en que la mayoría de nosotros describiríamos nuestra vida emocional interior: un revoltijo de confusión que nos tiene enmarañados en nudos.

Vean cómo se siente en la realidad:

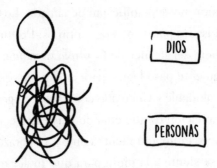

Queremos vincular nuestros sentimientos a Dios para resolverlos, e intentamos conectar profundamente con la gente, pero todo se siente como un lío.

Permítame decir que no soy una gran fanática de los nudos. Está bien, los nudos me ayudan a mantener mis zapatos de correr en mis pies. He escuchado que son útiles para los Scouts y la gente que navega. Y las pocas veces que he escalado, me hicieron sentir mucho más segura.

Pero por lo general, los nudos no ayudan. Suelen ser un obstáculo para lo que me propongo, como cuando hemos planeado una divertida tarde en familia para decorar el árbol de Navidad y las luces están completamente enredadas.

¿Sabían —van a pensar que lo estoy inventando, pero prometo que no es así— que hay todo un campo de las matemáticas dedicado al estudio de los nudos? Se llama, bueno, "teoría de nudos."[5] Y durante el último par de siglos, gente inteligente que no se cansa de los nudos se ha dedicado a pensar en ellos, a deliberar sobre cómo cuantificar el número de "cruces" que posee un nudo en particular; a determinar si dos nudos de formas diferentes con exactamente el mismo número de cruces son, de hecho, nudos equivalentes y mucho más.

La gente inteligente se dio cuenta de que con solo estudiar el nudo —su tamaño, su forma, sus diversas cruces y partes— podían definir ciertas características que garantizaban que con unos pocos movimientos sencillos se pudiera deshacer ese nudo. ¿Y adivinen cómo estudiaron el nudo?

Exponiéndolo a la luz.

La "luz" en esta metáfora es Jesús, es la Palabra de Dios, es la verdad última. Y los "nudos" que tenemos que desenredar, son las emociones que todavía no hemos presentado ante Él.

En los últimos tres años me dediqué a sacar a la luz mis sentimientos confusos. Y cada vez que aflojo un nudo, experimento más libertad; libertad para respirar, para reír, para llorar, para enfurecerme, para alegrarme.

Libertad para vivir.

Descubrí un estilo de vida que permitiría a los demás conocerme y (¡milagro!) yo también podría conocerlos a ellos.

Podría conocerme a mí misma, lo que pensaba y también lo que sentía.

Podría conocer a Dios.

Podría vivir auténticamente conectada a Dios.

Podría aprender a sentir mis sentimientos en lugar de presionarme para arreglarlo todo. (Confesión: en realidad se arreglaron muy pocas cosas).

Podría curarme de un pasado marcado por la huida.

Podría experimentar la vida real, darme permiso para responder con verdaderas emociones y hasta aprender a disfrutarlo.

Podría empezar a desenmarañar el lío que se crea cuando nos negamos a tomarnos el tiempo necesario para soltar las trabas que surgen en nuestras conexiones con nuestros seres queridos, con Dios y con nosotros mismos.

Después de décadas rozando la superficie, podría al fin optar por profundizar.

Podría explorar la profundidad emocional de la vida.

Podría cambiar.

Vi que había otra forma de vivir. Supe que viviendo mis sentimientos en lugar de reprimirlos o negarlos, podía vivir una vida mucho más plena. Aprendí que compartiendo lo que sentía con seres humanos reales y vivos, podía tener una comunidad a la que llamar mía. Supe que las cosas podían cambiar de verdad para mí, que podía sentir, sanar y triunfar. Podía ayudar a mi mente a abrir caminos completamente diferentes. Podía deshacer todas las trabas que se formaban en mi soga. Y déjame decirte que, si estás luchando como yo, lo mismo vale para ti. Al igual que las neuronas que, durante el proceso de neuroplasticidad, se tienden literalmente la mano unas a otras para intentar conectarse, tú puedes buscar —y encontrar cada vez— nuevos caminos para vivir en plenitud.

Ahora soy distinta. Se abrieron caminos que antes eran callejones sin salida. Antes estaba aislada, pero ahora existen amistades auténticas y profundas. Prosperan los vínculos emocionales donde antes había aversión emocional y relaciones malsanas.

Estoy plena y vinculada con mi propio corazón y con los demás. Aprendí las formas y el lenguaje de los sentimientos. Aprendí a soltar los nudos de mi alma y a permitir que Dios me atraiga hacia una vida más profunda y plena que Él construyó para mí.

Soy diferente.

Por favor, di que vendrás conmigo a través de los capítulos que siguen.

Necesitamos esto.

Sé que todos llegamos a esto desde diferentes situaciones. Pero escuchen mi voz alta y clara: ya seas hombre o mujer, joven o mayor, sensible a sentimientos salvajes o alguien que simplemente no quiere sentir, un estoico hombre en sus sesenta que jura que nunca ha llorado o una niña preadolescente que parece que nunca dejará de llorar, todos sentimos.

Lo podemos expresar de un millón de maneras o intentar contenerlo con algunas técnicas, pero todos sentimos. Dios te creó para sentir.

Hay una continuidad:

o———————————————————————o

| Personas que nunca expresan todo lo que sienten | Personas que expresan todo lo que sienten |

¿Dónde te colocas en este espectro?

Independientemente de dónde te sitúes, quiero que sepas que, mientras trabajaba en este libro, pensaba tanto en aquellos a los que les cuesta expresar sus sentimientos como en los que tienen tantas emociones desenfrenadas a cada minuto, que sienten que podrían explotar.

Esta visión, este proceso, funciona para ambos y para todos los que están en el medio. Si eres de los que no sienten, te voy a enseñar cómo sentir. Tacha eso. Dios te va a ayudar a sentir otra vez sanamente, porque eso es lo que Él quiere. Pero si sientes que tus emociones te desbordan, te voy a ayudar a ir más despacio, a tomar cada sentimiento aparte, observarlo, ponerle nombre y saber qué hacer con él. Una vez más, Dios hará el trabajo a través de este proceso. Parece irónico aplicar orden y establecer un proceso para algo tan misterioso y orgánico como las emociones. Pero a mí me gusta el orden y creo que a Dios también.

Permíteme recordarte lo valiosos que son nuestros sentimientos. Permíteme demostrarte lo necesarios que son para la vitalidad de nuestra relación con los demás y para un vínculo continuado con Dios. Déjame guiarte hacia una forma más sana de vivir todos estos sentimientos. Déjame mostrarte los pasos —las vueltas, las figuras, el limpio baile del limbo que pueden hacer por encima o por debajo de esta comprometedora soga emocional— que te llevarán del "atasco emocional" a la salud emocional, de la apatía a la capacidad de articular lo que sientes, del distanciamiento a la conexión con tu propia alma y con los demás y a un vínculo más profundo y sólido con Dios. Estos son los subproductos de una persona emocionalmente sana.

La salud emocional es posible. Es posible soltar los nudos que se pueden acumular durante décadas en nuestra vida. Sé que parece imposible, pero no lo es. Vi cómo me pasó a mí y a tantas personas a las que quiero.

Te voy a enseñar cómo.

SEGUNDA PARTE

Por qué estamos tan enredados

3

¿DÓNDE EMPEZÓ
LA CONFUSIÓN?

A los sentimientos no hay que arreglarlos, hay que sentirlos.

Cuando leíste por primera vez esta afirmación ¿cuál fue tu reacción? Supongo que, al igual que los cientos de personas con las que hablé —tanto en línea como individualmente— mientras escribía este libro, tuviste una reacción visceral. ¿Por qué? Por la sencilla razón de que a la mayoría de nosotros nos enseñaron desde pequeños a no sentir lo que sentimos.

Independientemente del año en que naciste, de la ciudad en la que creciste y de quién te crio, estoy segura de que te condicionaron desde el principio con respecto a qué hacer cuando sientes algo.

Mucho antes de que tú y yo pudiéramos andar, hablar o sostener una cuchara, nos enseñaron qué hacer cuando nos sentíamos felices, tristes, bravos o angustiosamente solos. Nos enseñaron a lidiar —o a no lidiar— con nuestras emociones. Y éramos alumnos modelo que se aprendían sus lecciones de memoria.

En algún momento, la mayoría de nosotros recibimos de alguien el mensaje de que no había por qué ponerse triste, que no debíamos enfadarnos, o que era ilógico que sintiéramos miedo. Aprendimos a decirnos a nosotros mismos que estábamos bien, o que la situación estaba bien, o que todas las cosas nebulosas iban a estar bien. Tomamos nota de las advertencias de que en lugar de compartir cómo nos sentíamos, lo correcto era calmarse, o dejar de llorar o pasar un rato a solas hasta poder, como fuera, recobrar la compostura.

Aprendimos que las emociones fuertes son incómodas y que no debemos imponérselas a los demás. Debemos suavizar sus asperezas o, mejor aún, hacerlas desaparecer.

Estos y otros mensajes igualmente confusos nos fueron transmitidos y los creímos, nos los tragamos enteros. Y así empezó nuestra práctica de negarnos toda la vida a nosotros mismos el permiso de sentir lo que sentíamos.

Negarnos a nosotros mismos la verdad de nuestra humanidad como seres creados a imagen de Dios, un Dios que siente todos estos sentimientos y nos creó para que los sintiéramos también.

SOMOS SERES EMOCIONALES

Cuando miré por primera vez los ojos de mi hijo mayor, Conner, me di cuenta de que ya me estaba buscando. Era una cosa pequeñísima, sólo dos kilos y medio, una diminuta bola de carne, órganos y vísceras.

Pasarían meses antes de que pudiera formar (y mucho menos comunicar) pensamientos coherentes sobre la vida y las personas que veía en el mundo. Pero ahí estaba, oteando el horizonte viendo a ver dónde estaba yo. Quería a su madre, solo eso sabía. Me prefería a mí. Percibía el agua fría y las punzadas de hambre... y a mí. Cuando lloraba y yo lo envolvía en una cobijita tibia, lo abrazaba y lo arrullaba mientras lo acunaba, se sentía reconfortado. Se sentía seguro, calmado y atendido.

Y eso ayudó.

Cada mínimo elemento ayudó.

Ahora, dime tú: ¿cómo sabía mi pequeño humano de dos kilos que no estaba contento, que buscaba consuelo o que me quería a mí? Te diré cómo: sentía. Sintió todos esos sentimientos y, hasta el día de hoy, sigue siendo fiel a sentir. Sigue sintiendo malestar y añoranza y otros diez millones de sentimientos tanto fugaces como duraderos; sentimientos que han dado forma al hombre que es.

No venimos al mundo principalmente como personas que piensan, sino como personas que sienten.

Las emociones inundan nuestro cuerpo, nuestra mente y nuestra alma, recordándonos esta verdad. No se detienen en lugares asignados y cuando intentamos detener su flujo, fracasamos. Nos atraviesan como quieren, conectando nuestras distintas partes entre sí; conectándonos con nosotros mismos, conectándonos con los demás, conectándonos con Dios. Son el río caudaloso que une al mundo en su desesperación cuando un terremoto cobra miles de vidas o que lo une en la carcajada universal ante un brillante aviso comercial durante la final de fútbol americano: el Super Bowl.

Conexión.

Las emociones nos conectan.

Nuestra disposición a sentir lo que sentimos nos conecta con nosotros mismos, con los demás, con Dios.

Entonces, ¿cómo hemos llegado a estar tan confusos, completamente inseguros de cómo debemos sentirnos respecto a nuestros sentimientos?

LOS MENSAJES QUE TRANSMITIMOS

En algún momento hemos escuchado mensajes que nos enseñan a no sentir. Tal vez de un padre que se molesta por los sentimientos de su hijo o se siente juzgado por ellos. Nos ocupamos con gran cuidado de cada una de tus necesidades. ¿Qué razón podrías tener para sentirte rechazado/triste/enojado?

A veces los padres quieren controlar nuestras emociones para evitar que pasemos vergüenza. ¿Tienes que hacer una escena pública?

A veces ignoran nuestros sentimientos para no tener que reconocer los suyos.

Y así a menudo nos avergüenzan accidentalmente por sentir cosas. Desestiman los sentimientos que sentimos. Descuidan o ignoran por completo las emociones con las que estamos haciendo acrobacias. Se cierran cuando intentamos involucrarlos.

"Conocer tus verdaderas emociones y pensamientos probablemente te resultaba peligroso si amenazaba con distanciarte de las personas de las que dependías", escribe la autora Lindsay Gibson en su libro *Hijos adultos de padres emocionalmente inmaduros*. "Te enseñaron que tu bondad o maldad no sólo residía en tu comportamiento, sino también en tu mente. Y así puedes haber adquirido la absurda idea de que puedes ser una mala persona por tener ciertos pensamientos y sentimientos y puede que aún mantengas esa creencia."[6]

Mientras expongo esto, me gustaría tanto poder hablar contigo en persona: ¿cuál es tu historia en este caso? ¿Acaso alguna vez un padre o un familiar te ha dicho que no sintieras algo que sentías de verdad? ¿Alguna vez te han dicho que "te calmes" porque tu reacción natural era demasiado grande?

Por supuesto, nuestros padres sólo estaban transmitiendo los mensajes que les enseñaron de niños: probablemente sus padres le enseñaron a no sentir sentimientos y es probable que estos a su vez hayan recibido esos mensajes de los padres de ellos.

Pero las consecuencias se acumulan, generación tras generación, a menos que encontremos una forma de romper el ciclo.

ZAC CRECIÓ EN una familia estupenda y devota. Aunque sus relaciones eran sólidas, como en la mayoría de las familias se ponía mucho más énfasis en lo que hacías que en cómo te sentías. Los mensajes —mantén la cabeza baja, saca buenas notas, sé un buen ejemplo, vive para el fútbol— se repetían en bucle en su cabeza. Asumió su papel de líder de la ofensiva en el fútbol y descubrió que su concentración de acero era una verdadera ventaja. De modo que hundió aún más abajo lo que sentía y para cuando nos conocimos, lo único que le faltaba era dejarse en el banquillo.

Yo también crecí con una madre incondicional del medio oeste y un padre hijo de militares. En resumen: aprendí a pensar en lugar de sentir. No es tanto que mis padres me avergonzaran por mis sentimientos, sino que los sentimientos no abundaban a mi alrededor.

No recuerdo haberme sentido triste.

No recuerdo haberme sentido brava.

No recuerdo haber sentido mucha alegría.

En la escuela elemental, en la secundaria, en el bachillerato. Pensar, pensar, pensar; no sentir. Luego vinieron mis años de universidad y de repente mi corazón despertó. Todo era nuevo y asustaba un poco y, Dios me valga, empecé a sentir. Me sentí triste. Me sentí sola. Me sentí enojada. Me sentí entusiasmada. Sentí de todo y cualquier cosa al mismo tiempo. Y me encantó.

A lo largo de esos primeros meses de estudiante en la Universidad de Arkansas, me sentí:

- profundamente conmovida cada vez que profesaba;
- la más profunda adoración por un chico de último año que no me daba ni la hora;
- frustrada porque mis amigas me pedían ropa prestada y se "olvidaban" de devolvérmela;
- perpetuamente preocupada por estar a la altura y satisfacer las constantes exigencias de mi nueva vida.

Para el momento en que el estoico Zac se casó conmigo, yo tenía todos los sentimientos que puede haber y no tenía miedo de expresarlos. Eso era abrumador para él. Con precisión de reloj, teníamos discusiones semana tras semana que se centraban en mi necesidad de que él exteriorizara sus emociones en nuestro matrimonio y en su negativa/incapacidad para hacerlo.

Debo mencionar aquí que llevo casada con Zac Allen más de veinticinco años, y que estoy locamente enamorada de él. También es cierto que nuestros primeros días fueron un poco... rudos. No peleábamos realmente —no era algo así—, parecía más una guerra fría. Echaba de menos a la gente con la que había "compartido emociones", a los amigos de los que me había alejado hacía poco. Pero el caso es que antes había sido un ciudadana modelo de la tierra del "pensar". Sabía cómo prosperar en ese lugar.

Cumplíamos con nuestros trabajos. Íbamos a Walmart. Cenábamos. Las noches en que salíamos durante el fin de semana íbamos a buscar hamburguesas con queso económicas en un Fuddruckers.

A medida que las semanas se convertían en meses y los meses en años, recuerdo que pensaba en lo mucho más fácil que era la vida ahora que no tenía que emocionarme. Era más eficiente. Más higiénica. Menos dramática. Menos misteriosa.

Menos... divertida.

Cada vez estábamos más distanciados y me di cuenta de que hablaba más con mis amigos sobre las cosas que pasaban en mi vida que con Zac. Éramos simplemente compañeros de habitación. Deseaba profundizar en nuestra relación, quería más para ella, pero sin saber lo que necesitábamos y concerté una cita con un consejero matrimonial. Zac aceptó ir a regañadientes y en los meses siguientes mi impávido e inconmovible esposo fue invadido por todas las emociones imaginables. Aprendió a dejar fluir sus sentimientos y, en el curso de año y medio, del esposo emocionalmente ausente que era, se convirtió en el equivalente emocional de las cataratas del Niágara: una presencia imponente, con muchas, pero muchas lágrimas. Claro, todavía había algún que otro arrebato de ira, pero también había un vínculo más profundo con Jesús... y conmigo. Mis sentimientos despertaron y volvieron a sentirse a sus anchas. Por fin peleamos. Nos vinculamos a un nivel más profundo de lo que creí posible. Y excepto por el hecho de que tomó casi dos años de sesiones y de trabajo duro, el resultado fue... mágico. De verdad lo fue.

Zac y yo disfrutamos de toda una serie de años cargados de emociones que recuerdo con gratitud y alegría. Nuestro matrimonio sobrevivió a muchos momentos difíciles por la sencilla razón de que, por gracia de Dios, esos años emocionalmente sanos nos permitieron erigir unos cimientos sólidos.

LOS MENSAJES CONTRADICTORIOS DE LA IGLESIA Y LA CULTURA

Contaré más acerca del viaje emocional de mi marido en las próximas páginas, pero ahora sólo quiero hacerte saber que las cosas pueden cambiar de verdad. No tenemos por qué dejar las cosas como están.

Pero **no podemos alcanzar la salud emocional en piloto automático**. Y las voces que nos envían mensajes confusos son muy fuertes.

Nuestras familias no son las únicas que nos transmiten mensajes dañinos sobre nuestros sentimientos.

Muchos seguidores de Jesús han compartido conmigo cómo sus vidas se llenaron de dolor y confusión porque la iglesia negó sus realidades emocionales, diciendo cosas como:

Las emociones son peligrosas.

Las emociones son reales pero no fiables.

Deberías sencillamente apartar ese sentimiento.

No dejes que tus sentimientos te controlen.

No confíes en tus sentimientos. Sólo confía en Dios.

En mi propia vida, no pocas veces el sermón del domingo mencionaba las palabras de Jeremías, el profeta del Antiguo Testamento, que dijo del corazón humano: "Nada hay tan engañoso como el corazón. No tiene remedio", palabras que concluyen con la pregunta retórica: "¿Quién lo conocerá?".[7]

Está claro entonces, no debemos fiarnos de nuestros sentimientos ya que están destinados a engañarnos.

Yo seguí esta lógica. ¿Quién quiere ser engañado?

Y esa lógica se impuso cuando observé a mi alrededor a nuestra generación obsesionada con los sentimientos.

Porque seguir nuestros sentimientos hasta la destrucción es ciertamente una práctica que todos hemos visto a nuestro alrededor. Los sentimientos sin la sabiduría de Dios pueden desde luego conducir a una vida egoísta, siempre en nombre de que "los sentimientos son lo único que importa". Es decir que el mensaje alternativo tampoco es correcto.

El mundo se ha lanzado a toda máquina a poner su mayor energía en dejarnos guiar por nuestros sentimientos.

Si no te sientes enamorado, deja a tu cónyuge.

Si te sientes infeliz, sacrifica todo y cualquier cosa para encontrar la felicidad.

Si no te sientes respetado por tus amigos, abandónalos y busca nuevos amigos.

Si no sientes que Dios es real, probablemente no lo sea.

Si cualquier comportamiento egoísta te parece correcto, no importa cómo te afecte a ti o a los demás. Si se siente bien, hazlo.

¡Los sentimientos lo son todo!

Permítanme ser clara, uno nunca será emocionalmente sano fuera de la voluntad de Dios.

Así como nuestras emociones fueron trazadas por Dios, los patrones de conducta y las normas según los cuales debemos vivir y crecer también fueron trazados por Dios. Fuimos hechos para obedecer a un Padre amoroso. La Caída trastocó eso, pero la vida sigue el derrotero de sus caminos y su voluntad. Y sabemos cuál es la voluntad de Dios para nuestras vidas gracias al don de la Biblia.

Así que: "Ignora tus sentimientos y sólo sigue a Cristo", suena sumamente acertado en comparación con el grito del mundo de: "Obedece a tus sentimientos", sobre todo si se tiene en cuenta a dónde nos pueden llevar las emociones desbocadas. Así que ignora tus emociones. Contrólalas. Eso es lo que hacen todos los "buenos cristianos", porque los sentimientos son el enemigo, ¿no es así?

Salvo por un gran problema. En realidad, dos:

1. Negar nuestros sentimientos no funciona. Los divorcios, los maltratos, los problemas de salud mental, abundan en la iglesia. No vivimos una vida más sana, más llena, porque ignoremos nuestros sentimientos y los tratemos como el enemigo.

2. ¡Dios siente! Tiene grandes sentimientos, como lo muestra la Biblia desde el Génesis hasta el Apocalipsis y Él nos hizo para sentir, lo creó todo dentro de nosotros. Así que las emociones no pueden ser malas. Deben ser buenos dones si Dios las siente y las concibió para nosotros.

Negar e ignorar nuestros sentimientos no son opciones viables.

En defensa de la iglesia contemporánea, debo mencionar aquí que esta negación rotunda de la emoción humana que me enseñaron en el seminario se remonta a cientos, si no, miles, de años.

En los primeros años de la iglesia las emociones eran vistas con sospecha. Se las asociaba con la naturaleza pecaminosa de la humanidad. El ascetismo fomentaba la supresión y negación de las emociones, castigaba al cuerpo como maligno y utilizaba "la autodisciplina severa y la abstinencia de cualquier forma de indulgencia" para tratar de someter al cuerpo.[8]

Dado que el cuerpo no era espiritual, seguía el argumento, el cuerpo debía ser considerado maligno y negado por completo, incluso castigado si sentía algo incorrecto. Así que los muy religiosos se mostraban escépticos ante cualquier cosa que les dijera el cuerpo. Ignoren al cuerpo y céntrense tan solo en Dios. Mas el cuerpo es una de las principales vías por las que percibimos nuestras emociones y participamos en ellas. Nuestro cuerpo físico fue diseñado por Dios y Él nos lo dio para que lo cuidemos, le prestemos atención y lo atendamos aquí.

Durante la Edad Media se fomentaba la expresión de emociones intensas en prácticas de devoción privadas. Sin embargo, esto no quiere decir que uno fuera contando a los suyos cómo se sentía. En aquella época, los cristianos se guardaban muchas cosas para sí mismos.

Durante el Renacimiento y la Ilustración, las emociones se consideraban irracionales y poco fiables. Esto llevó a restarle importancia a las emociones en la práctica religiosa y prevaleció el enfoque centrado en las búsquedas intelectuales.

Una generación de *baby boomers* que solía valorar la razón, el pensamiento racional y que rara vez compartía sus emociones, gestó a una generación más joven que paradójicamente dio un giro completo hacia el lado opuesto: "las emociones lo son todo." Cuando repasé mi historia eclesiástica con mi profesor favorito del seminario, dijo algo más que merece mención. "En las generaciones recientes", dijo, "las emociones en la iglesia son vistas como femeninas. Los estereotipos cristianos desarrollaron la 'mujer emotiva' y el 'hombre estoico no emotivo' como el estándar y como la meta."

La iglesia ha pasado mucho tiempo confundida sobre cómo se supone que debemos sentir.

UNA VÍA MEJOR

¿Y si las emociones de por sí no fueran el problema? ¿Qué hacemos con nuestras emociones si estamos dotados de sentimientos por voluntad divina, a propósito y con un propósito? Resulta que yo creo que esa es la verdad y dedicaré aquí unas pocas páginas a persuadirlos de que vean las cosas de esa manera.

Puedo decir esto con toda confianza que este libro no propone que seamos controlados por nuestras emociones. Las emociones no pueden ni deben gobernar nuestros días. Pero de la misma manera, este libro tampoco propone que controlemos nuestras emociones.

Creo que hay una tercera vía: una vía emocionalmente segura, vinculada y fértil que Dios nos ofrece; que nos puede brindar la libertad de amar, de vincularnos y de vivir de manera más honda de lo que creíamos posible.

Porque a los sentimientos no hay que arreglarlos. A los sentimientos hay que sentirlos.

4

LA VERDAD SOBRE NUESTROS SENTIMIENTOS

Al indagar acerca de la ciencia de las emociones durante los años recientes, me convencí de que **las emociones no están destinadas a controlarnos, sino a informarnos**; alertarnos; a vincularnos; a recordarnos que estamos vivos y a ayudarnos a encontrarle sentido al mundo que nos rodea.

¿Sabías que las estructuras mentales que procesan las emociones se encuentran a mayor profundidad en el cerebro que las estructuras de pensamiento?[9]

¿Sabías que lo que crees sobre el mundo en el que vives, incluso si esas creencias permanecen a nivel subconsciente, pueden causar un estrés en el cuerpo que conduce a enfermedades reales?[10]

¿Sabías que cuando lloras, tus lágrimas desintoxican, en sentido propio, a tu cuerpo, aumentando la oxitocina y activando tu sistema nervioso para que tu cuerpo pueda encontrar la calma de nuevo?[11] ¿O que cuando haces ejercicio con regularidad, experimentas ansiedad con menos frecuencia?[12]

Todo esto y mucho más está gobernado por nuestros sentimientos. Sentimientos que vienen a nosotros por tres vías diferentes:

1. Los sentimientos se manifiestan en nuestra mente.
2. Los sentimientos se manifiestan en el cuerpo.
3. Los sentimientos se manifiestan en nuestras acciones.

Debes haber notado que cuando ocurre alguna cosa que te hace "sentir" algo, la sientes de varias forma. Por ejemplo, ciertos recuerdos se avivan cada vez que experimentas una emoción en particular.

En la situación que describí antes a propósito de la "posible" mudanza de Kate, sólo hacía dieciocho meses que había vivido el momento en que Zac estuvo a punto de morir. Pero todo estaba ahí mismo, en mi mente, en mi cuerpo, en mí.

Justo después de que Zac volviera a casa del hospital, toda nuestra familia recibió clases de reanimación cardiopulmonar para que, si pasaba algo, supiéramos qué hacer. Déjame decirte que ver a tus hijos aprender a resucitar a un muñeco que se supone representa a tu esposo mientras él está en el piso de arriba, incapaz de levantarse de la cama, es algo que todavía me hace llorar cuando lo recuerdo.

Durante los momentos más lúcidos de Zac, nos dedicamos a hablar de temas tan "agradables" como los testamentos, las instrucciones para el final de la vida y la lista de cosas que yo tendría que hacer en caso de que ocurriera lo impensable.

Todo esto ya era bastante traumático de por sí, pero el miedo a perder a Zac y a Kate y quedarme sola, probablemente estaba relacionado con un recuerdo emocional anterior que nunca había superado del todo.

Tenía siete años cuando murió mi bisabuela Munsy. No la conocía bien, pero cada vez que mis padres le hacían una visita obligada, yo iba a su casa con mi vestido fruncido y hebillas en el pelo. De una pared colgaba un reloj de cuco y cada hora salía el pájaro y chillaba para avisarnos que había pasado otra hora. Ahora no puedo imaginar tener alguna vez en la vida un reloj como ese, pero qué genial me parecía entonces.

Eso es más o menos lo único que sabía de Munsy. Nunca conocí a su marido ni tuve siquiera un atisbo de su personalidad. Me parecía vieja, cansada y aburrida, salvo por su reloj de cuco. Pero después de su funeral, mientras rodábamos una hora de regreso a Little Rock, lloré. Recuerdo claramente que no quería que mis padres supieran que lloraba. Creo que me sentía culpable por estar triste. No recuerdo que ellos lloraran, así que ¿por qué iba a llorar por alguien a quien apenas conocía? Yo miraba las estrellas por la ventana. Lo que me hizo llorar no fue la tristeza por la pérdida de Munsy, aunque intenté sentirla. Lo que me hizo llorar fue pensar en la muerte, en lo desconocido y darme cuenta de que nadie podía protegerme de ella, ni siquiera mis padres, si viniera por mí. A los siete años supe que tenía que morir sola y que nadie podía morir conmigo. ¡Siete años!

Aunque yo no veía la relación entre una cosa y otra en mi pensamiento, ese enorme abismo de soledad se hacía presente a través del tumulto de mis emociones cada vez que pensaba que podía perder a un ser querido.

Estoy segura de que podrías identificar una situación similar en la que unos sentimientos que parecen casuales hunden sus raíces en tu pasado. Cuando surgen grandes emociones, que pueden parecer ilógicas, en respuesta a algo, uno lo "siente" en su experiencia vivida. ¿Has sentido esto antes? ¿Qué ocurrió entonces? ¿A qué llevó aquello?

Lo "sientes" en tu cuerpo físico: el corazón acelerado, los hombros tensos, el estómago revuelto y cosas por el estilo.

Y lo "sientes" en tu reacción: "Ahora me siento feliz, triste, arrepentido, emocionado, asustado". Y probablemente se manifieste de alguna manera en palabras o acciones. Tal vez de manera apropiada o quizá un poco fuera de lugar o aun, simple y llanamente inadecuada.

NAVEGAR POR EL RÍO DE LAS EMOCIONES

Ando en bote de remos. Es decir, tengo un bote de remos. Dos, a decir verdad. Tenemos un terreno en la zona más caliente de Texas, donde no hay mucho que hacer excepto remar.

Soy la peor remadora que pueda haber. Quiero decir, yo creo que soy buena en eso. Remo con gran confianza. Dirijo a los que reman conmigo en el bote. Pero, en resumidas cuentas: el bote nunca va por donde yo quiero. Nos pegamos a la orilla y zigzagueamos por el río. Quienes me acompañan no entienden por qué. ¡Yo, no entiendo por qué! Y llevo tiempo remando. Sé que la idea es ir por el medio del río; uno quema un montón de energía cuando zigzaguea.

La psicología más elemental te diría que la regulación de las emociones es el objetivo de la salud emocional. Quiero que imagines ese río y mi bote. En una orilla del río están el estallido, la ira, el llanto, el crujir de dientes, los sentimientos profundos, tirar los platos, pegarle a alguien. He hablado mucho del regalo que son las emociones, pero todos sabemos lo que ocurre cuando dejamos que sean ellas las que lleven la batuta. En la otra orilla del río están el cerrarse, no sentir nada, descartar todo lo que sientes e imaginar que no sientes. Esas son las dos orillas con las cuales queremos evitar chocar con nuestro bote de remos emocional.

Ahora bien, el punto está en que el trauma hace que el río comience a correr aún más rápido y que las orillas se estrechen.

Por supuesto que uno va a chocar con ellas. Has pasado por la muerte de un ser querido o has sido víctima de un abuso e incluso por una mudanza o la pérdida de un trabajo, algo que ha hecho que tu río se estreche mucho. La capacidad para lidiar con las emociones que inevitablemente nos topamos a diario se reduce. ¡Y está bien!

Si estás leyendo esto y has pasado por algo difícil y te sientes fácilmente irritable, tal vez zarandeado por emociones profundas y poco saludables o aun estás a punto de abandonar, voy a decirte lo que siempre digo:

Claro que lo debes estar. Eres frágil. No eres tú mismo. Todos los ríos en diferentes momentos de nuestra vida se estrechan. Cada momento es una oportunidad para volver a Jesús, una y otra vez.

Si te encuentras en ese momento, pídeles gracia a las personas de tu entorno. Y no temas pedir ayuda.

Pero si estás en una parte ancha del río y te sientes emocionalmente estable y sano, te insto a que no te conformes ni desprecies a los que están luchando. Las circunstancias difíciles pueden estar a la vuelta de la esquina. Disfruta del momento. Siente los sentimientos. Comparte con los demás las cosas pequeñas o medianas que les pasan en la vida. Pero no juzgues a los que aún no han llegado al tramo más ancho y tranquilo de su río.

Uno de mis hijos pasó por tantos traumas que podría escribir su propio libro. Y en los chicos se consideran a menudo erróneamente como problemas de conducta circunstancias en las que está muy claro que solo necesitan que se les otorgue un poco más de gracia para que puedan procesar sus grandes emociones, agudizadas por golpes del pasado. Necesitan un poco más de tiempo para averiguar cómo sortear los escollos de la vida y evitar estrellarse contra la orilla. Y en la medida en que les otorgamos nuestra gracia, empiezan a procesar las cosas más sanamente y su río se ensancha.

Nuestros ríos pueden ensancharse. Si conseguimos lugares seguros para procesar las cosas y, a veces, ayuda profesional, crecerá nuestra capacidad para regular nuestras emociones.

NO ES UN ERROR. ES UNA CARACTERÍSTICA

Como hemos visto, nuestros sentimientos se manifiestan en nuestra mente, nuestro cuerpo y nuestras reacciones.

Allí los experimentamos. Pero ¿de dónde vienen?

Fueron creados por un Dios que tiene sentimientos. **Dios nos hizo para sentir**.

Yo sigo a Jesús. Y tanto si también Lo sigues como si no tienes fe o aún estás decidiendo en qué creer, me alegra que estés aquí. Si no Lo conoces, pienso que a medida que sigas leyendo, Lo vas a empezar a apreciar de verdad. Porque, como verás, Él es compasivo contigo, como lo es conmigo. Esto importa porque ser humano es anhelar compasión. Todos estamos hambrientos de compasión y Jesús nos la quiere proveer.

Cuando Jesús vivió entre nosotros, un relato tras otro acerca de su prédica confirma cuánto le importaba cada persona con la que se cruzaba. Se interesaba por su mente. Se interesaba por su cuerpo. Se interesaba por su alma. Aun se interesaba por sus emociones, cosa esta última de la cual poco oímos hablar.

He oído a perspicaces estudiosos de la Biblia enseñar y predicar acerca de lo importante que es para nosotros creer ciertas cosas con nuestra mente y comportarnos de ciertas maneras con nuestro cuerpo y dedicarnos a ciertas cosas para que nuestra alma pase la eternidad en el lugar adecuado, pero no puedo recordar una sola vez en que haya escuchado a alguien enseñar acerca de cómo Jesús se siente a propósito de las emociones que nosotros sentimos. Y me resulta extraño porque a lo largo de las Escrituras recabamos evidencias de que Dios el Padre, Dios el Hijo y Dios el Espíritu sienten montones y montones de sentimientos.

¿Cómo crees que Dios siente con relación a tus sentimientos? ¿Los juzga?

Cuando empecé a investigar sobre este tema, me surgieron muchas preguntas:

¿Cuándo se convierte en pecado sentir una emoción?

¿Han existido siempre todas las emociones?

¿Existirán para siempre en el cielo?

¿Qué hace Dios con sus emociones?

Espera un segundo: ¿Acaso Dios tiene emociones?

¿Dice la Biblia que podemos controlar nuestras emociones?

Si podemos, ¿significa que debemos hacerlo?

Aunque no puedo responder a estas preguntas exhaustivamente, en estas páginas intento explorar lo que dice la Palabra de Dios.

Como mínimo tenía que saber: ¿Son mis sentimientos un pecado?

No hace falta recorrer mucho tiempo en el Génesis para ver que no pueden ser pecado porque ¡Dios siente a montones! Se siente feliz por todo lo que creó y desencantado por la rebelión de su creación. Siente cólera ante la continua rebelión de sus criaturas. Siente alegría cuando Abraham, David y otros Le siguen y tristeza cuando siguen su propio camino.

Una y otra vez, vemos a Dios expresar su compasión hacia la humanidad al darle una oportunidad más de obedecer sus mandamientos y otra más después de esa. Como dice 2 Pedro 3: "El Señor no retarda su promesa, según algunos la tienen por tardanza, sino que es paciente para con nosotros, no queriendo que ninguno perezca, sino que todos procedan al arrepentimiento."[13] Debido al gran amor por sus hijos, Dios echa mano de un nexo con ellos; y lo hace a través de jueces, profetas y sacerdotes.

Te veo.

Te amo.

¿Elegirás amarme tú también?

Será necesario el sacrificio supremo —Su sacrificio supremo— para reconquistarlos.

Él lo sabe.

Pero, aun así, lo intenta.

Este amor radical de Dios es exactamente lo que Jesús vino a demostrar a la tierra. Vino en carne y hueso para dar testimonio de que Dios ya nos estaba buscando y esperaba que nosotros también fuéramos a buscarlo a Él.

El profeta Isaías se refirió a Jesús como: "Despreciado y rechazado por los hombres, varón de dolores, habituado al sufrimiento."[14]

Antes de que Jesús se enfrentara a la cruz, en el Huerto de Getsemaní, vislumbramos un momento íntimo entre las tres personas de la Trinidad, cuando Jesús está tan turbado y temeroso que suda gotas de sangre. Plenamente consciente de que está sin la menor duda a punto de morir en una cruz, pide a Su Padre otro camino, un camino para salir de ese peligro y dolor.[15]

Al final, elige el camino de Su Padre para salvarnos. Lo hace por amor.

Oh sí, Dios siente todas las emociones. Dios Padre, Dios Hijo y Dios Espíritu.

Dios el Espíritu, es muy sensible. Cada miembro de la Trinidad lo es, pero singularmente la Escritura dice que podemos hacer enojar al Espíritu, podemos contristarlo.[16] En Santiago dice que el Espíritu nos anhela celosamente cuando queremos las cosas del mundo.[17]

El Espíritu puede comunicar el clamor de nuestro corazón al Padre cuando no tenemos palabras para pedir como conviene.[18]

Si Dios es un ser eterno inmutable que siente, entonces sabemos que las emociones no fueron creadas. Las emociones siempre han existido y siempre existirán.

Debido a esto, las emociones son simplemente otra faceta de lo que significa ser hecho a imagen de Dios. Por lo tanto, las emociones no son malas y las emociones no son pecado. Las emociones ni siquiera son neutrales. Entendidas desde la perspectiva de que Dios tiene un propósito y un plan para ellas, las emociones son, en realidad, buenas. No sólo algunas de ellas, como la paz y la alegría, sino todas. **Todas las emociones son buenas.**

¡¿No te fascina?! Un Dios que siente todos los sentimientos y que no peca, es un Dios que se apropia de todos los sentimientos de manera cabal. Como sucede con tantos aspectos de Dios, a nuestra mente le es imposible darle la vuelta por completo a la idea de un Dios que siente todas las emociones pero no peca.

Hebreos 4 dice de Jesús: "Porque no tenemos un sumo sacerdote que no pueda compadecerse de nuestras debilidades, sino uno que fue tentado en todo según nuestra semejanza, pero sin pecado."[19]

En las próximas páginas veremos varios momentos en los que Jesús sintió sus emociones y permitió que atrajeran a la gente hacia Él y no pecó.

Pero por ahora, permitámonos asimilar lo siguiente: **las emociones no son pecado. Es lo que hacemos con ellas.**

Las emociones siempre han existido y siempre existirán, aunque ciertamente en el cielo nuestra necesidad de tristeza, temor e ira desaparecerá, como prometen las Escrituras.

NUESTROS VÍNCULOS HACIA UNA VIDA MÁS RICA Y PLENA

Cuanto más profundizaba en la idea de que las emociones proceden de Dios, que también es un ser "que siente", más me frustraba el que nunca me hubieran enseñado nada al respecto. Me asombró encontrar pocos trabajos teológicos sobre el tema y llamé por teléfono a mi profesor favorito del seminario —que resulta ser una de las personas más brillantes que conozco— y lo acribillé a preguntas. Varias veces hizo una pausa, no seguro de cómo responder. Más de una vez, las palabras "no lo sé" salieron de su boca. Mientras se preguntaba en voz alta por qué no hay más estudios teológicos sobre las emociones, dijo: "Supongo que los pensadores nunca se detuvieron a pensar en los sentimientos."

Probablemente tenga razón. Y es en verdad una lástima. Porque sentir cosas suele ser precisamente la forma en que nos conectamos con Dios.

Piensen en eso.

La alegría a menudo incita gratitud y adoración.

La cólera puede ser una herramienta contra las injusticias.

El arrepentimiento nos recuerda que necesitamos el perdón de Dios.

La tristeza nos hace acercarnos a Dios en busca de consuelo.

El temor puede proporcionarnos protección para ayudarnos a discernir los caminos correctos.

Incluso el odio y los celos, los cuales vemos en la gama de emociones del propio Dios, pueden ser buenos. Como las notas musicales o los matices de color, las emociones aportan textura y variedad a nuestras vidas. Pueden revelar algo sobre nuestra humanidad y la vida que estamos viviendo.

Al mismo tiempo, es importante reconocer que las emociones, como muchas cosas buenas que Dios creó —pensemos en el sexo, el dinero, el poder— pueden llevarnos al pecado. Lo sabemos. Esa dinámica está en juego por donde quiera que miremos. Entonces, ¿cuándo se convierte una emoción en pecado? Algo interesante es que en la Biblia las emociones no son el pecado. Por ejemplo: "Si se enojan, no pequen."[20] El pecado potencial al parecer radica en nuestra respuesta a la ira.

Históricamente en la fe cristiana, han sostenido que el alma está compuesta de tres partes: nuestros pensamientos, nuestras emociones y nuestra voluntad.

Jesús nos enseñó que con siquiera pensar en acostarnos con el cónyuge de nuestro prójimo hemos pecado,[21] de modo que sabemos que podemos pecar en nuestros pensamientos. Es posible que, cuando te sientas enojado, empieces a alimentar tus pensamientos, a darle vueltas en tu mente hora tras hora a tu enojo. Esa emoción que no era en sí misma un pecado, a medida que la alimentas y la alimentas, puede dar paso a pensamientos odiosos de venganza e incluso convertirse en un reducto dañino. Este fue el gran descubrimiento que muchos de nosotros encontramos en mi libro *Controla tu mente*: ¡que Dios puede rescatarnos de una espiral de pensamientos dañinos! No podemos olvidarnos del poder que tenemos sobre nuestro pensamiento y de cómo elegir a propósito la gratitud, el servicio y la conexión puede cambiar nuestras mentes y, a menudo, sanar también nuestra vida emocional.

Gran parte de ese poder de cambio viene de una tercera parte de nuestra alma, la voluntad. Esta es en verdad mi parte favorita de la forma en que Dios nos hizo. Somos humanos con poder y elección. No somos controlados por Dios, como si fuéramos robots. Y si hemos aceptado la salvación que Jesús ofrece, tampoco somos controlados por nuestros deseos y el pecado. El apóstol Pablo describe esto como nuestra libertad para movernos hacia la salud y hacia Dios por caminos de paz y vida, o para elegir caminos de pecado, muerte y destrucción.[22] Hacemos estas elecciones cada día, docenas de veces.

Al considerar la relación entre el pecado y nuestros sentimientos a la luz del alma, me viene a la mente una imagen, adaptada de una que mi amiga Cassie utiliza a menudo en su trabajo como terapeuta certificada. Piensa en tu alma como en un tren, con una sola locomotora tirando de dos vagones. Si tus emociones son el motor, ¡te van a llevar por un precipicio! Pero si tu voluntad, sometida a Dios, mueve tu tren, entonces tus emociones y pensamientos son libres de seguirte, enganchados con firmeza, para que todo viaje junto a la belleza, la libertad y la seguridad.

VOLUNTAD   EMOCIONES   PENSAMIENTOS

No podemos evitar sentir emociones y debemos permitirnos sentirlas, pero de un modo redimido, un modo que dé vida, un modo que conduzca a la conexión y a una mayor libertad. Nuestra emoción no es pecado, pero a través de nuestras elecciones determinamos si nuestra voluntad y nuestros pensamientos ayudan o socavan nuestra capacidad de vivir con plena dedicación.

Las emociones pueden conducir al bien y pueden conducir al mal, aunque sean de por sí un don de Dios.

Pero imaginemos que nuestro Dios relacional, que nos creó en el amor para ser seres relacionales, no nos hubiera dado todas esas emociones.

Nunca nos sentiríamos agradecidos.
De modo que nunca adoraríamos a Dios.

Nunca nos sentiríamos enojados.
De modo que nunca nos sentiríamos impulsados a actuar contra la injusticia.

Nunca sentiríamos amor.
De modo que nunca nos enamoraríamos, ni lloraríamos por el nacimiento de un hijo.

Nunca temeríamos.
De modo que nunca acudiríamos a alguien en busca de consuelo, ni acudiríamos a Dios en busca de ayuda.

Si quitamos las emociones, perdemos lo más íntimo y sagrado de la vida, lo más hondo de quienes somos. ¿Serías quién eres sin los momentos de alegría y las épocas difíciles?

Piensa en tres grandes momentos de tu vida.

La mayoría de nuestros recuerdos los podemos evocar porque estaban asociados a una emoción fuerte. Cuando piensan en esos momentos, ¿qué sienten? ¿Qué hizo de tal o cual momento un recuerdo crucial?

Ahora imagina que no tuvieses ninguna reacción ante esos momentos, que estuvieras entumecido, vacío de emociones.

¿Algo tendría significado?

Puede que la vida sea tan dolorosa ahora mismo que "estar entumecido" te resulte atractivo. Si es así, quiero que sepas que tenemos un Dios que nos describe el cielo como un lugar donde Él enjugará personalmente, íntimamente, cada lágrima de nuestros ojos. Un Dios que quiere acercarte a Él hoy, abrazarte y estar contigo diciéndote: "Te sostengo. Te quiero."

Un Dios que no sólo siente por Sí mismo, sino que se acerca también a nosotros cuando estamos sintiendo todo lo que sentimos.

Dios espera que acudamos a Él con todos nuestros sentimientos. Aun las emociones desagradables que tú y yo tenemos la tentación de juzgar, Dios espera ver si dejamos que nos lleven de vuelta a Él.

5

EXPERTOS EN MANIOBRAS EVASIVAS

Siempre que sientas una emoción abrumadora —tristeza, digamos, o decepción, ira, rechazo, miedo o incluso alegría o esperanza— tienes una elección que hacer. Lo mismo vale para mí. Podemos involucrarnos directamente en esa emoción y llevársela a Dios, o podemos resistirnos a ella, tratando de eludir lo que nos resulta incómodo, embarazoso e incluso doloroso. La mayoría de las veces, elegimos esta última opción. Sobre todo porque tenemos miedo de que, si nos involucramos directamente, vamos a derrumbarnos bajo el peso de nuestros sentimientos.

Hablando por mí, tengo un largo historial de maniobras para evadir la tristeza, la ira y aun el miedo. A menudo lo consigo por medio de un discurso interno bellamente dispuesto con un añadido de espiritualidad para que resulte más creíble.

Mi cerebro predica algo como lo siguiente:

"Jennie, sé que hay más estrés en torno a _____ (rellenen el espacio en blanco) del que puedes soportar, pero si te centras en eso te derrumbarás y eso no le hará ningún bien a nadie. Así que la verdad es esta: Dios te ama. Estás bien. Y todo va a salir bien. Anímate y sigue con tus ocupaciones del día."

Convincente, ¿verdad? Deben de estar pensando: "¿Qué tiene de malo ese discurso? Confía en Dios. No des vueltas. Me parece bien."

Sí, tienen razón, no está del todo mal. De hecho, en ciertos momentos es simple y llanamente lo único que podemos hacer para sobrevivir. No podemos derrumbarnos, así que recurrimos a lo que yo llamo Los Tres Pasos:

Hacer de tripas corazón. Recurrimos a una de nuestras diversiones favoritas para sentir consuelo y mantenernos ocupados.

Ocultar. Reprimimos el sentimiento e intentamos taparlo.

Controlar. Intentamos por todos los medios hacernos cargo de nuestra situación o de la de los demás con la esperanza de que todo sea un poco más deseable, un poco más manejable.

Y a veces hacemos las tres cosas a la vez.

Examinemos más detenidamente nuestras tres respuestas. Aunque es probable que recurran a cada una de ellas según las circunstancias, apuesto a que una de ellas es la respuesta predeterminada. Ser honesto consigo mismo: en cuanto a esto lo dispone a uno para tomar el camino alternativo que veremos en el próximo capítulo. Un camino de compromiso que lleva hacia la salud emocional que el corazón anhela.

TENEMOS EL CONTROL

Tenemos motivos muy válidos para querer asegurarnos el control. Para empezar, queremos sentirnos bien con nosotros mismos. Y cuando sentimos que "controlamos" una situación, nuestra confianza en nosotros mismos se acrecienta.

También buscamos el control porque nos mantiene esperanzados por el mundo en que vivimos. Si sentimos que de verdad controlamos una situación —una fiesta de cumpleaños, un percance en una relación, una reunión de trabajo, una conversación tensa, el mal comportamiento de un hijo, etc.— podemos seguir confiando en que todo va a salir bien. ¿Y si no tenemos esa sensación de control?

¿Cómo lidiar con eso?

De modo que encaramos la vida con confianza y competencia de sobra.

Creemos que podemos ser más inteligentes que nuestros adversarios, planificar cómo librarnos de nuestras catástrofes y concebir la manera de responder a todos los retos a los que nos enfrentamos. Claro que rezamos. Pedimos a los demás que recen por nosotros. Hacemos ejercicio y descansamos mucho para estar "en forma". Comemos avena integral porque cada vez que comemos avena integral las cosas nos van bien. Les damos muchas vueltas a situaciones anteriores, para aprender cuanta lección podamos aprender. Nos damos a nosotros mismos pequeñas arengas para animarnos: "Tú puedes. Tú. De verdad. Puedes."

Y a veces uno puede. A veces, la forma de salir de la tristeza o de un mal humor es de verdad hacer la cama, tomar una ducha y salir a la conquista de nuestro día. A veces con eso basta y al día siguiente las cosas habrán mejorado. Es cierto.

Pero **si lo único que hacemos es controlar o dosificar nuestras emociones, perdemos el contacto con nosotros mismos, con nuestra necesidad de Dios y con nuestra necesidad el uno del otro**. El control nos cierra no sólo a la emoción difícil de soportar que no queremos padecer, sino también al disfrute de nuestras amistades, a la profundidad de la oración, a las lágrimas que solían brotar cuando uno cantaba

Amazing Grace en la iglesia, a la creatividad que solían inspirar palabras, arte o diversión en tu vida. Todo queda afuera cuando uno trata de no dejar entrar una parte.

Intentar controlar las emociones requiere mucho esfuerzo. Es sencillamente agotador.

De hecho, la mayoría de las veces que tú y yo trabajamos para controlar un resultado emocional, no tenemos ni idea de que lo estamos haciendo. Por lo que sabemos, andamos por ahí ocupándonos de nuestros asuntos, tan solo dedicados a vivir nuestras ajetreadas vidas. Muy a menudo, cuando nos topamos con una serie de acontecimientos desafortunados, nuestra mente y nuestro cuerpo lanzan una evaluación de medio segundo de nuestro bienestar y, mientras determinan cuál es la mejor forma de mantenernos cómodos y seguros, dejan de lado algunas emociones y permiten que afloren otras.

Te voy a enseñar lo que quiero decir. ¿Recuerdas la situación en la que Kate se iba a mudar fuera del estado o del país? En lugar de sentirme triste o decepcionada, que habría sido una reacción normal ante esos sueños de ella, se me aceleró el corazón por la ansiedad, con un pequeño "esto no es justo" en el fondo de la cabeza. Definitivamente, sería aterrador que me abandonaran. Mucho mejor sería sentirme estresada. Y la verdad es que nunca me habría enfrentado al miedo al abandono, si no fuera porque no podía quitarme de la cabeza la idea de que tenía que haber algo más en mi reacción. Y lo había.

Por eso, en la tercera parte, te voy a enseñar a compartir con tus emociones el tiempo suficiente para entender con qué tienen que ver en realidad. Como ya lo dije: "Debajo de una cosa hay otra". Y es perturbadoramente cierto.

Por ahora, quiero ayudarte a evaluar cuán profundo es tu deseo de control emocional.

Vamos a hacerlo así: Después de leer cada afirmación a la izquierda, califícate en la escala de la derecha. Un "1", significa que uno nunca lidia con la tendencia en cuestión. Un "2", significa que rara vez lo hace. Un "3", significa que lo hace a menudo. Una puntuación de "4", significa: "¿has estado leyendo mis mensajes de texto?".

1 2 3 4 5

1. Presto atención a las señales de mi cuerpo durante las situaciones y conversaciones estresantes.

2. Presto atención a los pensamientos de mi mente en las situaciones y las conversaciones estresantes.

3. Presto atención a mis sentimientos genuinos durante las situaciones y conversaciones estresantes.

4. Confío en mí mismo para sentir lo que sea que de verdad siento.

5. No temo compartir lo que siento con los demás.

6. Soy paciente conmigo mismo con respecto a mi realidad emocional, aunque cambie con más frecuencia de lo que quisiera.

7. Permanezco comprometido conmigo mismo y con los demás, aunque sienta que las cosas son emocionalmente intensas.

8. Permanezco tranquilo y centrado, aunque sienta que mi realidad emocional no sea la deseable.

9. Permanezco curioso conmigo mismo con respecto a las experiencias emocionales que se desarrollan.

10. Agradezco las emociones que emergen, aunque no sean las que hubiera elegido.

Eso es lo complicado con el control: se gana los elogios de todo el mundo. Si uno puede controlar sus emociones, parece sano. Te ves imperturbable cuando el jefe está descontento contigo. Te ves confiado cuando te dejaron fuera de una reunión divertida. Le sonríes a tu hijo cuando expresa su profunda desesperación por un problema en el colegio. Pareces perfectamente controlado y libre de dramas, una cualidad muy valorada en el mundo que nos rodea. Lo entiendo. Pero acércate y déjame decirte...

Eso está sobrevalorado.

No estoy diciendo que debamos gritar siempre a nuestro hijo o responder a nuestro jefe con ira. Pero estamos sintiendo esas emociones y hay un momento y un lugar para ser honesto con respecto a ellas. Y eso empieza por ser sincero con uno mismo.

Controlar nuestras emociones no es el objetivo. El objetivo es calmarlas y expresarlas de forma sana.

ENFRENTAMOS

Se dice de Winston Churchill que a menudo trabajaba en su cama o en su bañera.

Lo entiendo.

Estaba cargando emocionalmente con el peso del mundo, enviando a miles de personas a la muerte durante la Segunda Guerra Mundial, intentando ganar una guerra para el futuro de la humanidad. El tipo merecía algunas comodidades mientras trataba de cargar con todo eso.

Tal vez también lo entiendas.

Corremos hacia cualquier consuelo que podamos encontrar cuando estamos en el meollo de un asunto, ¿verdad?

En el mundo de la psicología, un "mecanismo de defensa" es cualquier cosa que hacemos para superar una paliza emocional.

No es la definición científica oficial, pero según mi experiencia, es bastante exacta. Según una encuesta nacional de Myriad Genetics,[23] cerca del setenta y siete por ciento de nosotros recurrió a "conductas adictivas o mecanismos de defensa dañinos" en respuesta a retos de salud mental como la depresión y la angustia.

La lista de mecanismos de defensa es casi interminable: procrastinación, letargo, consumo de drogas, ingesta excesiva de alimentos o de alcohol, exceso de sueño, autolesiones, aislamiento social, adicción al trabajo, compras compulsivas en línea, comportamientos obsesivo-compulsivos y otros más.

Tal vez recurres a ver un nuevo episodio de una serie, a dedicarte a un pasatiempo que te mantenga ocupado, a otro trago, cualquier cosa, en realidad, con tal de ahogar lo que sientes.

Tal vez la forma en que esquivas sentir tus emociones sea desplazándote por las redes sociales durante horas y horas.

Tal vez llamas a un amigo y quemas la energía chismeando.

Tal vez te dedicas a trabajar, trabajar y trabajar, pensando que hallarás el sentido si al final consigues el éxito.

Tal vez compras, compras y compras en línea porque te hace sentir mejor, así de simple.

Tal vez te embelesas con cualquier cosa que te ayude a olvidar.

Yo nunca he hecho ninguna de esas cosas. Nunca. ¡Ja!

Por supuesto, algunos de nuestros mecanismos de defensa son, a primera vista, bastante inocuos y no del todo dañinos. De vez en cuando, nuestros cuerpos necesitan descontracturarse. Mis dos mecanismos favoritos son ver maratones de series en Netflix y comer chile con queso a montones con mis mejores amigos.

Por muy agradables que sean esas cosas, el alivio que producen es momentáneo; la distracción y la satisfacción siempre duran poco, sobre todo si uno nunca lidia con las cosas que están debajo o detrás de ellas. Y he observado en mi propia vida y en la de muchas personas que conozco bien, que lo que empieza como un mecanismo de defensa al que se acude de vez en cuando, puede convertirse en un hábito cotidiano y potencialmente en una adicción, en muy poco tiempo.

Lo admitamos o no, la razón por la que buscamos la evasión a través de mecanismos de defensa es que no estamos dispuestos a abordar nuestro verdadero estado emocional o somos incapaces de hacerlo. No podemos lidiar con lo que sentimos, así que buscamos en cambio una vía de escape.

Díganme entonces: ¿Cuáles son sus opciones favoritas a la hora de acudir a un mecanismo de defensa?

Nos enfermamos nosotros mismos con nuestras defensas. Pensamos que, al desconectarnos e insensibilizarnos, nos estamos relajando, pero la verdad es que nos estamos perdiendo los dones de Dios destinados a mantenernos en una grata relación con Él. Con nuestras defensas, nos alejamos de relaciones profundas y significativas con las personas que nos rodean.

En las próximas páginas, vamos a aprender cómo procesar nuestros sentimientos eficazmente en tiempo real. Mientras, echen un vistazo al Salmo 38. Es un poderoso recordatorio de lo que su autor, David, sabía tan bien: Hay un lugar al cual llevar la decepción. Hay un lugar al cual llevar la ira. Hay un lugar al cual llevar la amargura y la frustración. Hay un lugar al cual llevar la soledad y el tedio. Llévaselo todo a Jesús. Se Lo podemos llevar y decirle: "Ayúdame a procesar esto. Ayúdame a estar contigo. Ayúdame a quedarme quieto y no necesitar mirar mi teléfono. Ayúdame a no elegir el alcohol por la noche."

OCULTAMOS

Cuando mi hijo mayor tenía dos años, poco después de que llegara su hermanita, decidí que necesitábamos una salida. Así que cargamos con todo lo necesario y nos fuimos al centro comercial con mi madre y mi hermana. De algún modo, en el gigantesco centro comercial Dallas, Conner desapareció. Llevaba una camisa naranja brillante y tenía un llamativo pelo rubio blanqueado por el sol, pero desapareció de la vista de todos. Pasó una hora y tuve que hacer la llamada más difícil de mi vida para decirle a mi marido que no lo podían encontrar.

Nadie quiere hacer esa llamada. Nadie quiere recibir esa llamada.

La tienda había sido cerrada y clausurada y todos los dependientes se pusieron a buscarlo. Se llamó a la policía. Pero no hubo manera de dar con él. Una hora después de que se hubiera perdido, uno de los empleados de Banana Republic oyó un pequeño movimiento. Apartaron la ropa y lo encontraron escondido entre una pared y un estante de pantalones. Cuando llegué, estaba llorando. Quería matarlo. Pero nunca me había alegrado tanto ver a alguien.

Lloraba porque, durante todo el tiempo que oía que lo buscaban y gritaban su nombre, lo único que podía pensar era que se había metido en un lío enorme. Así que no habló. Se sentó allí aterrorizado, escondido detrás de los pantalones de Banana Republic, porque era mejor esconderse que meterse en problemas.

Tal vez seas un experto en esconderte detrás de los pantalones. Prefieres quedarte ahí quieto con todas tus emociones y sentimientos apretados contra ti, que arriesgarte a que salgan si te enfrentas a la gravedad y la realidad que te espera. Así que te quedas pegado a la pared. Pero eso no cambia el hecho de que las circunstancias te esperan y no van a desaparecer sólo porque te escondas detrás de los pantalones. De hecho, cuanto más tiempo pasa, más desesperadas, caóticas y necesitadas se vuelven tus realidades.

Por favor, escúchame: No tienes que contárselo a todo el mundo. Tienes que contárselo a alguien.

Conozco el daño que puede fluir de una reacción a nuestras emociones, sé también la belleza que son capaces de catalizar. Las emociones son herramientas. Lo cual significa que cada vez que sentimos una emoción, podemos usar ese sentimiento para impulsarnos hacia Dios o podemos usarlo para quedarnos sentados ahí y pecar.

Esto es lo que no podemos hacer si queremos vivir sanos y libres: no podemos disimular y seguir adelante.

Pienso en mi hijo que sube al coche después de las tribulaciones de un día de clase. Algunos días explota y me cuenta todas las cosas malas que le pasaron. Vamos a McDonald's y pedimos un batido y una hamburguesa con queso y a las cuatro ya se está riendo. Y otros días se contiene, ya sea por vergüenza o por puro agotamiento y solo a la hora de la cena estalla contra alguno de nosotros.

Es agotadora la cantidad de energía que gastamos tratando de mantener nuestra caja de emociones oculta y bien apartada de la vista. Y a pesar de todos nuestros esfuerzos, las emociones atiborradas logran salir porque sí y a menudo le caen encima a las personas a las que queremos.

Las cajas atiborradas de sentimientos no pueden permanecer cerradas para siempre.

Lo digo de nuevo: No tienes que decírselo a todo el mundo. Tienes que decírselo a alguien.

¿Cómo estás realmente? A los hábiles encubridores les encanta la palabra bien. Es la mejor alfombra debajo de la cual meter todo lo que queda feo en nuestras vidas. Bien es corta, gramaticalmente correcta y provoca muy pocas preguntas adicionales. Pero tampoco ayuda en nada a ordenar la maraña de emociones que uno se ha metido en una caja en un rincón del corazón.

Como ejemplo de la manera en que la estrategia de ocultar nuestras emociones puede afectar tu alma y tu cuerpo y a todo tu ser, mi yerno, Charlie, me dio su amable permiso para contar que va a terapia por primera vez en su vida.

Charlie es un tipo que siempre ha estado "bien". Es súper tranquilo, no se deja fácilmente agitar por las circunstancias, el tipo de persona que se toma las cosas como vienen y cuyo motor interno ronronea parejo casi los siete días de la semana.

Pero a Charlie le surgieron algunas cosas últimamente, algunas cosas de las cuales pensó que se tenía que ocupar. La sugerencia colectiva de sus amigos y familiares sonaba algo así como: "Vamos a rezar por ti. ¿Has hablado con un médico sobre cómo te sientes? ¿Qué tal una terapia? ¿Has ido alguna vez a terapia?".

Entendió el mensaje. Hubiera sido difícil no hacerlo.

De modo que Charlie fue a terapia por primera vez. Y cuando llegó a casa, hizo una siesta de cinco horas.

A media tarde.

Lo cual era muy inusual en él.

Cuando más tarde nos contó lo que había pasado, todos nos reímos con él. Porque todos habíamos pasado por lo mismo.

Entendimos perfectamente cuando Charlie describió cómo se había levantado de la siesta y se había sentido unos quince kilos más liviano. No era peso físico lo que se le había quitado de encima. Era peso emocional, esa carga espiritual que rara vez nos damos cuenta de que la llevamos en los hombros hasta que, por la absoluta misericordia de Dios, Él nos la quita amorosamente de la espalda.

¿Y adivina qué hizo Charlie? Concertó otra cita con el terapeuta. Después de la siguiente cita, lo llamó e hizo otra cita. Y otra vez. Y otra vez. Y otra vez.

Cuando se recuperó emocionalmente, empezó a contar a sus amigos lo mucho mejor y más despejado que se sentía. Empezó a tener conversaciones más profundas y sustanciosas con ellos, escuchándolos con más atención y cuidado de lo que muchos de ellos habían experimentado en su vida.

Al ayudarse a sí mismo, pudo ayudar a los demás.

* * *

ES DIFÍCIL DESAPRENDER los patrones que llevamos arraigados toda la vida. Pero si elegimos siempre el camino más fácil, si nos desentendemos controlando, reprimiendo y ocultando, nos perdemos lo mejor de la vida. Las partes que realmente anhelamos.

Porque hay una forma mejor de responder a las emociones: aceptar plenamente el propósito para el que fueron creadas: conexión. Conexión con Dios y con los demás. Este es el siguiente paso de nuestro viaje. Y simplemente no podemos llegar allí si continuamos controlando, ocultando y apartando. Claro, seguiremos haciendo esas cosas porque somos humanos y los humanos fallamos. Pero cada vez más optaremos por el cuarto paso, que es muchísimo mejor.

6

CREADOS PARA CONECTAR

¿Alguna vez te has sentado a tomar un café o a comer con alguien que te empieza a contar lo que le está pasando de verdad en la vida y por momentos hasta se le salen las lágrimas?

¿Cómo te sientes en ese momento? Claro, puede haber unos instantes embarazosos, pero aparte de la incertidumbre de qué decir o hacer, ¿qué sientes?

Seguro que sientes compasión.

Afecto.

Incluso gratitud por que hayan compartido su vida contigo.

Te sientes conectado con ellos, aunque no los conozcas muy bien. Para eso están hechas las emociones: para conectarnos con lo más importante. Y con quien es más importante.

Nuestras emociones tienen un propósito y ese es conectarnos con Dios y con los demás.

LA SOGA QUE NOS UNE A DIOS

Todo lo que Dios ha puesto en nosotros ha sido con el propósito de acercarnos a Él, de confiar en Él. Apartemos el miedo infantil y perderemos nuestra pueril inclinación a acercarnos a Él por ayuda. Apartemos la emoción ante una comida increíble y perderemos el asombro y la admiración ante los dones de Dios. Apartemos la esperanza y nunca miraremos al cielo. Apartemos la paz y nunca descansaremos en Dios.

La verdad que nos hace libres comienza con la verdad de que estamos tristes o dolidos y necesitamos ayuda desesperada y urgentemente. No hay esperanza de salud, alegría, paz y salvación fuera de Jesús, Aquel que lo es todo y que lo ha hecho todo por nosotros. Él murió en la cruz por nuestros pecados. Fue resucitado a una nueva vida. Nos ofrece gracia y perdón. Y una eternidad con Él.

Eso es todo.

Ese es el evangelio.

La Biblia es clara en que la verdad de eso nos hace libres: "Dijo entonces Jesús a los judíos que habían creído en él: Si vosotros permaneciereis en mi palabra, seréis verdaderamente mis discípulos; y conoceréis la verdad y la verdad os hará libres... Así que, si el Hijo os libertare, seréis verdaderamente libres."[24]

Ciertamente Jesús está hablando de Sí mismo en este versículo. La verdad de quién es Él, como medio y camino de salvación. La libertad última que necesitamos es ser liberados de las consecuencias eternas de nuestro pecado; y ahora mismo está disponible para nosotros si confiamos en Jesús como el único medio de salvación.

Pero esto no es todo. La Biblia está llena de historias de personas que alcanzaron esa esperanza, esa verdad y esa libertad buscándolas con sus emociones, con cómo se sentían.

Pablo odiaba a los cristianos, los asesinaba, hasta que Cristo salió a su encuentro y lo rescató. Esa emoción extrema se convirtió en gracia apasionada y en el fervor de hacer llegar la esperanza de Jesús al mundo.[25]

El rey David se desahogó de todo lo que tenía en las entrañas a través de los Salmos. Los cantos de lamento son las partes más emotivas, crudas y desordenadas de la Biblia. Está enojado. Está triste. Se da por vencido y pierde toda esperanza para luego volver, en su sinceridad con Dios, consigo mismo y con los que le escuchan, a todo lo que sabe que es bueno y verdadero de Dios.

La belleza de David y de los Salmos radica en que se da permiso para sentirlo todo. David tiene plena confianza en que Dios puede manejar todas sus emociones, incluso las que le hacen dudar de que Dios es bueno y de que le sigue amando. Ve que la injusticia queda impune y se sale de sus casillas.

Se siente lo suficientemente seguro con Dios como para sacar todo a la luz. ¿Y tú?

¿LA VERDAD? ES liberadora. ¡Es liberador decir la verdad! Pero no podemos hacerlo sin admitir cómo nos sentimos, sin confesar cuál es nuestra experiencia de vida.

Podemos confesar el pecado.

Podemos compartir nuestro dolor.

Podemos confiar nuestros temores.

Podemos llorar una pena desgarradora.

Lograremos expresar lo que pensamos, siempre que expresemos también lo que sentimos. Díganle a Dios y a los seres queridos en quienes confían todas estas cosas para que por fin puedan vivir plenamente libres, conectados unos con otros por la soga de la emoción.

SI, MIENTRAS LEES estas palabras, te sientes paralizado por la tristeza, la ira, la pena o la decepción, quiero que sepas algo: teniendo en cuenta todo lo que se nos presenta en este valioso mundo nuestro, me parece increíble que no sientas más de lo que estás sintiendo ahora mismo. Eso es lo primero que te diría, si estuviéramos sentados uno frente al otro, cara a cara.

Sabemos que las emociones lo abarcan todo. Te extasían cuando ves a tu hijo triunfar por sí mismo y dar su primer paso. Te revuelven el estómago cuando está nervioso y asustado. Te hacen sentir una opresión en el pecho cuando te recuerdan que el futuro escapa a tu control. Te ponen nervioso cuando te enamoras y no estás seguro de que la otra persona siente lo mismo. Te hacen llorar cuando ves dolor y sufrimiento en tu vida o en el mundo y no puedes solucionarlo. Algo de las emociones está ligado a nuestros pensamientos, pero también es verdad que son de alguna manera diferentes.

Tal vez te sientes como si estuvieras mirando un océano de emociones, preguntándote cómo podrías llegar a cruzarlo. Es demasiado grande: toda la esperanza y el dolor, la alegría y la ansiedad, los recuerdos inquebrantables tanto buenos como dolorosos. ¿Cómo vamos a cruzarlo? Y luego, pegada detrás de ti está la vida, la realidad constante de la gente que necesita comer, las tareas pendientes, los lugares en los que tienes que estar.

¿Cómo voy a lidiar con este océano?

¿Quiero siquiera hacer esto ahora?

Quiero recordarte que no estás solo en esa orilla. El mismo Dios que acompañó a los israelitas mientras miraban el agua frente a ellos sabiendo que los egipcios se acercaban por detrás, el mismo Dios que dividió el mar —¡Él dividió el mar!—, ese Dios está cerca. Está a tu lado. Él puede hacer un milagro aquí.

La guerra se decide en esta encrucijada.

En caso de que sea una novedad para ti, odio ser la que te diga que, como creyentes en Jesucristo, tenemos un enemigo. Un enemigo serio. Un enemigo que quiere acabar con nosotros.

El objetivo de ese enemigo es crear caos y división. Y cuando examinamos el asunto en nuestro corazón y observamos nuestros hogares y amistades y, simplemente, el mundo entero, el enemigo parece estar teniendo éxito. El paisaje emocional se siente caótico y dividido.

De modo que nos cerramos.

Queremos escapar porque todo parece demasiado grande y difícil y nos sentimos demasiado mal equipados.

Esto me recuerda una vez que estábamos de vacaciones en que Zac alquiló un botecito diminuto. Salimos a alta mar en un barco del tamaño de una mesa de comedor. Hubiera sido muy grato, si no fuera porque las olas eran más grandes que nuestro bote. Casi morimos. De verdad. Incluso mi marido, que nunca se inmuta, se puso su pequeño salvavidas naranja.

El punto era: que no estábamos equipados.

No se supone que deba ser así.

Pienso en Moisés, cuando Dios, a través de la zarza ardiente, le llama a obedecer a lo grande. Tiene miedo, está confuso y siente todo tipo de emociones y de insuficiencias. Dios no lo consuela diciéndole que las circunstancias serán fáciles o manejables. Lo consuela recordándole a Moisés quién es Él. Le dice: "SOY EL QUE SOY."[26]

SOY antes de que existiera el tiempo.

SOY después de que la historia de la tierra haya terminado.

SOY y estoy a salvo de cualquier temor.

SOY suficiente para vencerlos.

SOY y no me voy a ninguna parte.

SOY y ya soy en el futuro.

SOY el sostén de cada pensamiento que piensas.

SOY el sostén del universo.

SOY y no me desbaratan los planes y estratagemas del enemigo.

SOY y preparo para tu futuro cosas que ni imaginas.

SOY en los días de regocijo por un nacimiento.

SOY y te sostengo el día en que entierras a la persona que amas.

Nuestra seguridad última descansa total y completamente en quién Dios es. Él es la razón por la que estamos bien. Él es también la razón por la que podemos estar deshechos y dudar y temer y llorar. **Creemos que Dios está esperando a que nos recompongamos, pero Él está esperando a que cuando nos derrumbemos acudamos a Él.**

Cuanto más lo hago así, más consigo sanar.

Cuanto menos lo hago, con Dios y con los demás, más crecen en mí la ansiedad y la depresión.

Y eso es verdad para ti también.

Jesús dijo: "Les aseguro que a menos que ustedes cambien y se vuelvan como niños, no entrarán en el reino de los cielos."[27]

Se dirigía a los sabelotodo, a los que se orientan con la cabeza y no con el corazón. Hablaba a los que veían sus vidas como un desempeño que había que recompensar, en lugar de como una relación.

Tenemos que volver a ser niños con Dios. Necesitados. Honestos. Que lloramos si necesitamos llorar.

Jesús dice en el sermón de la montaña: "Bienaventurados los que lloran, pues ellos serán consolados."[28]

Las personas son más bendecidas si lloran porque Dios acude a ellos cuando están en ese estado; así como no acude a las personas que solo-tratan-de-ser-felices. Dios les dice: "Ven acá. Estoy contigo. Niño, quiero estar contigo en esto."

Tal vez caíste en una depresión postparto después de dar a luz a uno de tus bebés.

Tal vez luchaste durante años tras perder a un ser querido.

Tal vez te has sometido a rondas y rondas de pruebas médicas y sigues sin saber qué te pasa.

Sea cual sea la situación que te ha dejado enredado con tus sentimientos, Dios dice: "Yo estoy al otro lado de la soga. Deja el control, la resistencia y la protección y ven a decirlo todo. Ven a sentirlo todo. Estoy contigo. Quiero estar contigo."

Las emociones son el regalo que lo conecta todo. A nosotros con nuestro ser. A nosotros con Dios. A nosotros con otros.

LO QUE DIOS QUIERE PARA TI

Quiero hacer una pausa aquí sólo un momento y darte espacio para respirar. Quiero que sientas la tremenda compasión que siento por ti mientras consideras las formas en que has manejado tus emociones en el pasado y la confusión que puedes sentir en este momento. Quiero decir otra vez: Por supuesto, has tenido que soportar más dolor del que se debería soportar. De modo que, por supuesto, es más fácil sobrellevarlo, ocultarlo o intentar controlarlo. Aunque a veces te derrumbes bajo el peso.

Por supuesto que te pasa eso. Nos pasa a todos.

Porque es demasiado.

¿Y adivina qué? "Porque no tenemos un sumo sacerdote que no pueda compadecerse de nuestras debilidades, sino uno que fue tentado en todo según nuestra semejanza, pero sin pecado." Así que el escritor de Hebreos continúa: "Acerquémonos, pues, confiadamente al trono de la gracia, para alcanzar misericordia y hallar gracia para el oportuno socorro."[29]

Jesús nos va a ayudar a hacerlo. Mi sueño para este libro era que sintieras que yo caminaba a tu lado señalando hacia Jesús, que camina a nuestro lado y nos muestra cómo dar pequeños pasos para volver a sentir y sanar. Él lo está haciendo ¿sabes? Creo que Él está haciendo exactamente eso.

Si sigues a Jesús te es dado un corazón nuevo. El Espíritu Santo está contigo y en ti y te da la capacidad de amar con los sentimientos que antes sólo llevaban al egoísmo.

Seguimos necesitando a Dios. Necesitamos que Él camine con nosotros a través de todo esto, hablando con Él, preguntándole a Él lo que necesitamos saber y lo que precisamos hacer. Cada sentimiento debe ser sentido y llevado a las Escrituras y a Jesús. Cada sentimiento debe impulsarnos a preguntarle a Dios: "¿Qué debo hacer?".

Jeremías 17:9, el versículo tan a menudo citado para recordarnos que el corazón es engañoso, nunca significó vaciar el don que son nuestros sentimientos, es un recordatorio de que necesitamos a Dios en medio de ellos. Necesitamos la verdad en medio de nuestros sentimientos.

Jesús dijo de sí mismo: "El Espíritu del Señor está sobre mí, por cuanto me ha ungido para dar buenas nuevas a los pobres. Me ha enviado a pregonar a los cautivos libertad y a los ciegos vista, a poner en libertad a los oprimidos, a proclamar el año del favor del Señor."[30]

Esa libertad es una promesa no sólo para el cielo, sino también para nuestra alma hoy; y esa libertad viene cuando encaras la verdad. Toda ella en uno y alrededor de uno.

¿Qué es verdad?

David, el salmista escribió de Dios: "He aquí, tú amas la verdad en lo íntimo y en lo secreto me has hecho comprender la sabiduría."[31] Esto es lo que Dios quiere para ti: sabiduría y verdad, no sólo en tu cerebro, en tu corazón y en tu cuerpo, sino en lo más íntimo de tu ser, sanando tu alma hasta lo más profundo de quién eres y por qué estás aquí.

Dios nos hizo mente, cuerpo y alma. Nos envolvió en carne y nos puso aquí, en este tiempo y en este espacio, y **el misterio de lo que sentimos y de cómo lo experimentamos todo apunta a un Dios que no sólo diseñó nuestras emociones, sino que además, también siente hasta la última de ellas**. Recuerda, si negamos nuestros temores infantiles, entonces perdemos nuestra inclinación de acercarnos a pedir ayuda a Dios. Si reprimimos la emoción que sentimos por una comida deliciosa, entonces perdemos nuestro asombro y admiración por los dones diarios que recibimos de Dios. Si ocultamos nuestro dolor, no buscamos el consuelo del Espíritu Santo. Si nos resistimos a la atracción hacia la esperanza, entonces nunca miramos al cielo.

LA CUERDA QUE NOS CONECTA CON LOS DEMÁS

La conexión con Dios no es el único regalo que encontramos cuando nos sinceramos sobre nuestras emociones.

Cuando estaba atrapada en ese estado de insensibilidad total que inicialmente me impulsó a emprender este viaje para comprender mejor mis emociones, le pregunté a un terapeuta que había conocido durante una sesión de grupo si podía reunirme con él a solas. En aquel momento, estaba a mitad de un año sabático que me había tomado para intentar recuperarme del agotamiento. Ni siquiera estoy segura de poder expresar con palabras lo que estaba viviendo en aquel momento, pero la sensación general era la de sentirme presionada. Había corrido tan rápido durante tanto tiempo que era como si mi vida estuviera en piloto automático. Mi lado triunfador seguía apareciendo, atrincherado, tratando de jugar el juego sin que nadie se diera cuenta de que "yo" no estaba allí en absoluto. Me estaba hundiendo. Era julio y tenía que volver al trabajo en agosto, pero cada vez que pensaba en ese regreso, mi ritmo cardíaco se aceleraba, mi mente daba vueltas y me sentía abrumada hasta el punto de entrar en pánico.

El mayor llamado de mi vida me producía ahora horror, angustia y pavor.

Le expliqué todo esto al Dr. C como yo lo llamo, en la videollamada que tuvimos después de que me preguntó qué necesitaba él saber sobre cómo me iba "de verdad". Fue entonces cuando me dio este asombroso consejo:

Espera…

Oh, es cierto. No me dio ningún consejo.

En cambio, el Dr. C hizo esto: Escuchó. Escuchó bien. Hizo preguntas meditadas. Me dijo que era comprensible que me sintiera como me sentía.

Luego dijo algo que no olvidaré en mucho, mucho tiempo: "Jennie, sé que estás angustiada y frustrada y quiero que sepas que nunca me cansaré de escucharte explicar cómo te sientes realmente. No me voy a ir de la habitación." Por supuesto, era una habitación metafórica, ya que estábamos en Zoom, pero yo sabía lo que él quería decir.

Qué cosa tan increíble decirle a una persona: No me voy a ir de la habitación.

¿No es eso lo que todos tememos? ¿Que sintamos nuestras emociones y nos armemos de valor para expresarlas y la persona a la que se las confiamos se eche para atrás sin decir nada y salga por la puerta para escapar del lío?

Esto es lo que sé: cuando hice esa llamada sentía que mi ministerio estaba a punto de desmoronarse, no porque Dios no lo bendijera, sino porque yo ya no podía encontrar la fuerza para liderarlo.

Y salí de esa sesión sintiendo que podía respirar de nuevo, solo porque el que estaba frente a mí no trató de arreglar las cosas. Me escuchó y se quedó.

El peso que había estado cargando se había disipado milagrosamente. Llevaba más de un año trabajando en terapia de grupo. Pero fui a la cocina a buscar algo para comer después de esa llamada y pensé: "¿Qué cosa en el mundo acaba de pasar? ¿Cómo puedo sentirme ahora mucho mejor?".

Más tarde, cuando le pregunté qué tipo de magia había hecho para aliviar la ansiedad que había sentido durante tanto tiempo, el Dr. C me dijo: "En realidad, no tiene nada de mágico. Simplemente, ya no te sientes sola."

EN EL AMOR, DIOS te creó, creó a todas las personas y nos puso aquí.

Imaginó que caminaba con nosotros y hablaba con nosotros y nos ayudaba a través de esta vida.

Quería una relación con nosotros.

No sólo eso, quería que nos tuviéramos los unos a los otros, igual que Él tenía trato consigo mismo: Padre, Hijo, Espíritu. Vio al hombre y supo que "no era bueno" que estuviera solo.[32]

Por eso nos dio los unos a los otros.

Para que pudiéramos caminar unos con otros en este planeta.

Para que pudiéramos caminar unos con otros a la par que caminamos con Él. Juntos.

Entonces llegó el pecado y todo se rompió. Pero Su plan se cumpliría. Su plan nunca cambió.

Jesús vino a reconciliarnos otra vez con Dios y a unos con otros de nuevo.

Y sin embargo aquí estamos, todavía actuando como si no necesitáramos a Dios, como si no nos necesitáramos los unos a los otros.

LO DURO. EL dolor. La alegría extasiada. El temor. La ira. Todo estaba destinado a llevarnos hacia Dios y a necesitarnos los unos a los otros.

Porque **el sentido de la vida es la conexión: con Dios, con nuestro propio corazón y con las personas que Dios pone en nuestro rincón particular del mundo**.

Y esas conexiones las encontramos y mantenemos sintiendo las emociones que sentimos e invitando a los demás a hacer lo mismo. En palabras del Dr. Curt Thompson: "Vivir en la vía del amor requiere que preste atención al hecho de que mi mente, a través del proceso de la emoción, anhela estar conectada con otros."[33]

La conexión es la razón por la que estamos aquí.

ESTAR EMOCIONALMENTE PRESENTES, PARA NOSOTROS MISMOS Y PARA LOS DEMÁS

La conexión es el mayor regalo que tenemos en la vida. Conexión con nosotros mismos. Conexión con los demás. Conexión con Dios.

Eso explica por qué la mayor estrategia a la que nuestro enemigo acude contra nosotros es desconectarnos de esas cosas.

Y las vías para lograrlo son: manipular, distraer y confundir.

Y con respecto a nuestras emociones, Satanás está en su apogeo.

Tomemos la situación con Kate: si en aquel momento yo no hubiera estado aprendiendo a lidiar con mis emociones a medida que surgían, puedo garantizar que motivada por mi hija al decir que tal vez se iba a mudar, me habría lanzado a buscar el control sin excusas. Y el esfuerzo por controlar mis emociones pronto se habría transformado en un disfuncional intento por controlar a Kate.

Podría haber enfurruñado nuestra relación por meses, tal vez años, negándome a celebrar nada en su vida. Mis palabras y mis acciones habrían demostrado que me importaba mucho más su posible mudanza que la relación que ella y yo compartiamos.

Mientras me tenía loca la hipotética ida de Kate, no pude prestar oídos a sus sueños.

Encerrada en mi cuarto, bañada en lágrimas, no fui capaz de atender el llamado a conectarnos que ella me hacía al confiarme sus sueños.

Podría seguir, pero captas la idea: **No podemos estar presentes con Dios y con los demás cuando nos negamos a estar presentes con nosotros mismos**. Por eso escribo este libro para nosotros, para enseñarnos a hacerlo.

Todos anhelamos relaciones sanas y profundas. La vulnerabilidad y la seguridad allanan el camino hacia ese objetivo. Ser vistos, tranquilos y seguros son cosas que todos anhelamos cuando salimos del vientre materno y que no pueden existir si no se comparten las emociones. Las compartimos y las acunamos para otros.

Mi reciente viaje de asesoramiento con el Dr. C empezó cuando mi enérgica amiga Jessica envió un mensaje de texto a un grupo de sus amigas —entre las cuales me cuento— y dijo: "Chicas, tenemos que reunirnos intencionalmente y con frecuencia para no estar solas con todo el estrés con el que estamos cargadas."

Proponía que nos reuniéramos en una llamada de tres horas una vez al mes y que hiciéramos un retiro de tres días una vez al año. Ese era el compromiso que asumíamos si decíamos que sí a esta "cohorte" de amigas. Además, invitó al Dr. C.

Lo necesitaba. Llevaba meses, quizá años, movida por la angustia en el trabajo. Diez años antes, mi pequeño estudio bíblico en el salón de casa había explotado sin haberlo buscado y se había convertido en un verdadero apostolado público. Como dije antes, terminé dirigiendo un ministerio en crecimiento llamado IF: Gathering, que debería haber sido la mayor alegría de mi vida. Pero estaba a punto de fundirme y no sabía muy bien por qué. Me encantaba el trabajo que hacía, pero la presión me estaba ahogando. Necesitaba gente que me entendiera y me ayudara a comprender lo que andaba mal.

Sinceramente, quería que la gente me "remendara". Eso era lo que esperaba.

Le respondí a Jess: "Me apunto".

En el centro de retiro, durante la reunión presencial de nuestro grupo, exhalé. Observé los rostros expectantes que me devolvían la mirada, cada uno de ellos perteneciente a una querida amiga, a la mayoría de las cuales conocía desde hacía una década. En verdad, eran mujeres a las que admiraba y adoraba.

El Dr. C era nuestro facilitador. Y como él y yo ya nos habíamos conocido en circunstancias similares años antes, sabía que esta experiencia me exigiría que contara todo lo que sentía y por qué; lo cual siempre me resulta incómodo. Si añadimos a la mezcla el hecho de que estos amigos son de los muchos que saben que no se me da bien "sentir", mi estrés estaba por las nubes. Pero llegué preparada. Las impresionaría con mis sentimientos. Tendría sentimientos. Tendría sentimientos acerca de mis sentimientos. Iba a compartir todos los sentimientos que tenía.

Fui la segunda en hablar. Conté una historia tras otra de dolor, rechazo y decepción con la gente, con el trabajo, con mi vida. Entre lágrimas, apreté los puños y dije con gran pasión: "Estoy enojada. Estoy enojada con Dios. Siento que me ha utilizado, me hecho nadar demasiado lejos en un océano de riesgos y, a veces, que me ha abandonado. Estoy harta de la presión y no quiero seguir haciendo esto, pero todavía le amo y no quiero decepcionarle. Y todo esto me hace sentir atascada."

Ahora estaba berreando, el tipo de llanto en el que uno no puede seguir hablando aunque quiera, el que hace que la respiración de uno haga cosas raras y que los ojos de los demás se abran de par en par.

"Odio... esto", tartamudeé finalmente. "Estoy... tan (sollozo, sollozo) cansada. Tan... agotada. Tan... frustrada... y enojada y... (más sollozos) triste."

Estaba enfadada.

Estaba furiosa.

Me sentía usada y desechada por Dios y por fin lo admitía.

Finalmente, una voz se abrió paso entre mi llanto.

—Dios no es así.

—Sé que estás sufriendo —dijo otra voz—, pero Jennie, eso no es verdad.

—Algo más tiene que estar pasando —susurró una tercera voz—. No creo que Dios te haría eso.

Mi molestia se convirtió en rabia. ¿Cómo podía ser tan malinterpretada por estas amigas?

Estaba lista para echar a correr, al estilo clásico de Jennie. Entrar, hacer lo que se suponía que debía hacer y salir de allí. Pensé que había entendido la tarea. Había sido lo más auténtica posible. Me había presentado con todos mis sentimientos reprimidos y ahora me sentía miserable y juzgada.

Otra persona habló, el único hombre de la sala, nuestro intrépido y brillante líder, el Dr. C: "Jennie, ¿cómo te sientes con lo que están compartiendo todos contigo?".

En ese momento podía elegir: podía apaciguarme. Después de todo, se habían dicho algunas cosas bonitas entre tanta crítica y podía centrarme en eso. O podía mostrarles lo enfadada y dolida que estaba. O podía decirles cómo me sentía realmente.

En ese incómodo silencio en el que nadie sabe qué decir o hacer, solté: "Sinceramente, estoy mosqueada. Acabo de compartir todo lo que me duele y ustedes todos me hicieron percibir que no debía sentir de ese modo. Y puede que tengan razón. Pero me siento así. Pensé que lo podía decir en confianza. Pero ahora siento que están defendiendo a Dios y buscando dónde me equivoqué."

El Dr. C sonrió, complacido por mi valentía, mientras mis amigas se revolvían.

Alguien —Melissa, quizá, ¿o Ann?— habló: "Me entristece… que te sientas incomprendida por nosotros", dijo. "De verdad. Me pone triste que te sientas juzgada y avergonzada."

Con esas simples palabras: "Me siento", algo se descomprimió en mi alma anudada. Algo que se había sentido incomprendido.

El resto del grupo asintió con la cabeza. Se disculparon. Dijeron que se sentían orgullosas de mí por seguir obedeciendo a Dios incluso estando tan enfadada, por perseverar y por ser sincera con ellas.

Volví a sentirme segura. Me sentí considerada. Me sentí reconfortada. Pasé de estar enfadada e incomprendida a sentirme profundamente cercana a esas mujeres que momentos antes me habían hecho daño. Y lo más irónico es que, al expresar que estaba enfadada con Dios ya no me sentía tan enfadada con Dios. Y ya no me sentía tan sola.

"Ustedes siempre van a intentar arreglarse unas a otras", dijo el Dr. C, "porque son en el fondo solucionadoras de problemas." En lugar de intentar que nos arregláramos unas a otras, el Dr. C quería que sintiéramos. Con eso como motivación, estableció algunas reglas básicas para el tiempo que íbamos a compartir".

Escuchar atentamente.

Escuchar plenamente.

Responder sólo con "siento…", no con "pienso".

Si otra persona hubiera estado en la alfombra llorando cuando el Dr. C estableció estas reglas básicas, yo no habría entendido cómo podían ayudar. Cínicamente hubiera pensado: "No, la gente necesita perspectiva. La gente necesita tener claras sus creencias. La gente necesita conocer la verdad. Esas son las cosas que ayudan a la gente, las cosas que arreglan a la gente."

Pero yo acababa de experimentar algo nuevo. Se había producido un cambio total en la sala y en mi alma, solo porque la gente había pasado de decir lo que pensaba de mí y de mis problemas a decirme cómo se sentía.

Así que me comprometí de lleno con la jornada que nos proponía el Dr. C. Era una forma de vida muy nueva. Una nueva forma de sentir mis sentimientos. Sí, era enredada, incluso alarmante, pero fue el principio de algo que me cambió. Siento. Ahora siento de verdad. Siento todos los sentimientos con mi gente y por su causa. No me reparan, pero estoy cambiada porque hoy me siento en casa en mi propia alma con Dios y con los demás.

Y esa cura me ha liberado en muchas áreas. Ahora puedo abrazar a mi hijo que está llorando y no correr a hacer que deje de llorar. Puedo sostener el dolor de mi amigo y no correr hacia él para que no lo sienta. Puedo sentarme con mis propias lágrimas y dejarlas caer y correr hacia Jesús y llamar a un amigo en medio de mi llanto. Puedo celebrar, bailar y reír cuando la vida es buena, porque mi corazón está despierto, seguro y atendido.

Mis lazos, antes enmarañados, ahora están rectos y lisos; lazos de salvación que me conectan con Dios y con las personas que amo. Y en todo esto he descubierto mucho más de la vida plena y abundante que Jesús prometió que podríamos tener.

Y quiero esto para ti también. Quiero que seas capaz de dejar de apartar, controlar y ocultar y veas cómo aparecen las mejores partes de la vida cuando de forma vulnerable y valiente desenredamos el lazo que nos une a nuestro Dios y a nuestra gente.

7

UNA VISIÓN
DE ALGO MEJOR

Antes de que empecemos a trabajar en el proceso mismo de sentir nuestras emociones, tengo una pregunta para ti: "Cuando consideras tu 'vida emocional' ¿qué es lo que buscas?

Esta es una pregunta que entraña una visión, una aspiración; entraña anhelos y sueños. Y es importante empezar por ella porque es algo en lo que no solemos pensar.

Quizá quieras sentir de todo corazón y más profundamente para poder vincularte con tu familia o tus amigos con más compasión. O tal vez quieras curar la amargura de la cual al parecer no logras librarte. O tal vez quieras recuperar la esperanza y dejar de sentirte tan triste cada día.

O tal vez, simplemente estás cansado de sentir tantas emociones desenfrenadas y sólo quieres paz. Sientes demasiado y necesitas saber qué hacer con todo ello, los nudos te tienen atascado y molesto con el mundo o simplemente tan triste que no quieres seguir adelante o directamente, todo continúa saliéndose de su cauce y lastimando accidentalmente a las personas que amas.

Todo ello. Lo entiendo.

Sinceramente, lo entiendo todo. Y se los digo: para todo eso hay esperanza.

He aquí lo que he ido aprendiendo mientras trabajaba para descongelar mi entumecimiento: en lugar de avergonzarnos por las emociones que sentimos —o que decidimos no sentir, como puede ser el caso—, podemos observar el mundo que nos rodea, mirarnos directamente a los ojos y decirnos: "Por supuesto que me siento de ese modo."

Escuchen, el mundo es turbulento. No es de extrañar que nos sintamos desconcertados por las emociones.

Si nos conocemos por otros libros míos, sabrás que soy una admiradora incondicional del clásico de John Bunyan, *El progreso del peregrino*. Me gusta muchísimo ese libro porque muestra lo confuso que es el camino cristiano. El personaje principal, no muy sutilmente llamado Christian, empieza a confiar en Jesús al principio de su viaje, aunque siga cayendo en pozos de desesperación, sea presa del miedo y la duda, y que lo desorienten las vías del mundo. Es tan fácil vincularse con eso. **Después de todo, ¡¿de dónde sacamos los que conocemos a Jesús la idea de que el camino al cielo iba a ser recto y llevadero?! Es un viaje desconcertante durante todo el camino a casa.**

Y necesitaremos a Dios y nos necesitaremos los unos a los otros si queremos sobrevivir. ¿Pero acaso no es ese el punto? Todas las posturas y fingimientos que adoptamos porque se supone que no debemos "sentir" nuestras emociones o prestarles demasiada atención. Qué disparate. Nuestros sentimientos a menudo nos dicen algo cierto.

Nuestros sentimientos son los que nos dicen que algo está dañado.

Nuestros sentimientos son los que nos dicen que algo está maltrecho.

Nuestros sentimientos nos dicen que necesitamos la ayuda de Dios.

Nuestros sentimientos nos dicen que estamos vivos.

Aunque de niño uno no haya sufrido maltratos evidentes, no por eso saliste incólume. Nuestra experiencia en este planeta dista mucho de ser perfecta y eso vale para todos. Por eso no sólo es aceptable sentir emociones contradictorias, sino que en realidad así es como debe ser.

¿Por qué? Porque cuanto más nos permitamos sentir todas las emociones que realmente sentimos, más liberados estaremos para amar y crear con toda la energía que gastamos tratando de mantener a raya esos sentimientos.

Todos hacemos desastres… cada uno de nosotros.

Pero en medio de la confusión, nuestras emociones también pueden alumbrar el camino hacia una belleza indiscutible.

UNA CONFUSIÓN MAGNÍFICA

Quiero exponer una situación que ocurrió en mi vida hace sólo tres días, para mostrar que tener una alto concepto de nuestra vida emocional merece la pena, que es realmente alcanzable y que incluso una arregladora en recuperación como yo puede aspirar al éxito emocional.

¿Están listos?

Allá vamos.

Hace tres días estaba de pie en medio de nuestra casa, mis hijos estaban todos allí y diez mil amigos de ellos también. Quise gritar a todo pulmón porque Zac Allen me había puesto furiosa. Zac y yo nos hemos vuelto bastante hábiles navegando por las inevitables tormentas de la vida familiar. Pero no somos perfectos.

Esa noche, él perdió los estribos, un niño los había perdido y yo estaba a punto de perder los míos. Habría sido embarazoso porque la casa estaba llena de niños que son como si fueran míos, pero no lo son. Y estábamos pasando una noche muy agradable jugando Rummikub y comiendo tacos. Me retiré a mi habitación y empecé a llorar. Y aunque no puedo entrar en todos los pormenores de la discusión porque implica a personas y detalles que no me corresponde compartir, puedo decir que esa emoción de enojo, era en realidad el sentimiento de haber sido herida.

Me sentí traicionada.

Me sentí ignorada.

Sentí que las personas que más me querían eran las que más me herían.

¿Por qué empezar con esta historia? Porque fue el pasado jueves por la noche, mientras escribía este libro sobre las formas de sentir nuestras emociones sanamente.

No preveo un futuro para ninguno de nosotros en el que todas nuestras emociones estén perfectamente encajadas en los espacios correctos de nuestros cuerpos y mentes, perfectamente controladas, expresadas e interpretadas. Creo que es importante empezar siendo honestos al respecto. No quiero prometer demasiado y cumplir poco.

Pero permíteme contarte lo que sucedió desde ese jueves y que, según creo, podría sucederte a ti durante nuestro recorrido juntos.

Ese jueves por la noche lloré hasta quedarme dormida. Hacía unos meses que no lloraba. Hacía unos años que no estaba tan enojada. Y estaba metida hasta el cuello en mi investigación y mis descubrimientos sobre el plan que tiene Dios para nuestras emociones. ¿Qué iba a hacer ahora que fuera diferente de cómo hubiera respondido antes a todo esto?

Llegó el viernes por la mañana y yo seguía llorando, y me encontré con Dios en mi tristeza e incluso en mi rabia. No tenía miedo de nada de eso. Le dije exactamente lo que sentía, exactamente lo que temía y exactamente lo que pensaba. No lo limpié todo ni fingí que todo estaba bien. Simplemente clamé por Él en medio del caos.

Me acerqué a mi hijo que había estado en medio de este lío y le dije: "¿Quieres estar triste conmigo?".

Dijo que no, pero se quedó de todos modos. Cuando se fue, tenía lágrimas en los ojos y nos sentimos más unidos que nunca.

En lugar de alejarme de mi marido y fruncir los labios durante días, como habría hecho durante los primeros años, también me acerqué a él. Expresé con palabras exactamente cómo me había herido y cómo me sentí mal interpretada. Mal que bien, en medio de ese lío también nos sentimos más unidos que nunca.

No vamos a emprender un viaje mágico y místico.

Vamos a ver formas realistas de estar más sanos emocionalmente.

¿Lo crees?

¿Crees poder estar emocionalmente libre y sano?

Podemos desatar nuestras emociones y trazar un camino fuera de nuestro dolor.

Podemos.

Prometo que podemos.

Pero también prometo que el camino no siempre será fácil.

SENTIR NUESTRO CAMINO EN LA OSCURIDAD

Antes de pasar a la siguiente sección, quiero dejar muy claro un tema importante. Hay una diferencia crucial entre estar enmarañado en tus emociones y sufrir depresión clínica o ansiedad. Creo firmemente que el proceso que estamos a punto de recorrer puede ayudar absolutamente a cualquier persona a avanzar hacia la salud emocional, pero también creo firmemente que a veces la medicina y la terapia son necesarias.

Si están luchando de esa manera, quiero que sepan que lo siento mucho. Han estado en mi mente a través de todas estas palabras porque, mientras las escribía, la persona que más amo en la tierra ha estado luchando contra la depresión y la ansiedad justo a mi lado. Y sé por experiencia muy cercana con la depresión lo necesario que es que tratarla antes de ir más lejos.

Ya he dejado vislumbrar esta parte de mi historia y de Zac, pero aún hoy me cuesta hacerme a la idea de que esto de verdad nos pasó a nosotros. Al principio de nuestro matrimonio, después de que Zac y yo lanzamos y vimos crecer como una planta una iglesia en Austin, para luego pasarla a un nuevo liderazgo, mi marido chocó con una pared. Recuerdo que predicó su último sermón y luego, como si estuviera esperando la ocasión, cayó en una profunda y oscura depresión. A propósito de esa época, dijo: "En ningún momento contemplé el suicidio, pero sí llegué a entender por qué la gente lo hace." Él dice que duró nueve meses; yo lo recuerdo como más de un año. En cualquier caso, fue demasiado largo para ambos.

Cuando digo que ese año perdí a mi marido, no exagero. Zac estaba físicamente en la habitación, pero emocionalmente estaba a kilómetros de distancia. Estaba sencillamente… ido. Oculto. Insensible. Desconectado. Apático a todo lo que sucedía o dejaba de suceder en la vida de nuestra familia; con los niños, conmigo, con todos nosotros.

Habíamos adoptado a un niño pequeño y mi ministerio crecía al mismo tiempo. Durante tantas noches en vela me preguntaba cómo iba a lograr llegar a la mañana siguiente o a encarar el día a partir de ahí. Era como ser perseguido por un fantasma que casualmente duerme en la misma cama que tú.

La mayoría de los días él se fijaba algunos objetivos: salir de la cama, ir al gimnasio, ducharse, comer algo si podía. Pero en términos de interacción con cualquier otro ser humano de alguna manera significativa, eso era ir demasiado lejos. Más tarde me dijo que se sentía como si estuviera tumbado en el fondo del océano viendo la superficie del agua besada por el sol, kilómetros y kilómetros por encima de su cabeza. Podía ver el borde iluminado. Quería llegar al borde iluminado. Pero no tenía ni idea de cómo salir a la superficie. Y entonces yacía allí sin sonreír, inmóvil, deprimido.

Uno de los pastores de nuestra iglesia, llamado Kevin, le dijo a Zac que todo iría bien. Le dijo a Zac que la depresión no duraría para siempre, que en algún momento saldría a flote. Por supuesto, Kevin no tenía forma de saber si eso era cierto, pero ya había ayudado a una docena de pastores a superar la depresión, así que optamos por creer en su opinión. Además, ¿qué otra cosa se suponía que podíamos hacer?

Por suerte, Kevin tenía razón y un día fue como si mi amado esposo regresara de un viaje de un año desde un lugar muy, muy lejano. Volvía a ser Zac con toda su "zaquitud": sonriendo, riendo, participando, ministrando, sirviendo y queriendo bien a todo el mundo. Exhalamos. Ahora podíamos seguir adelante.

Como digo, todo esto sucedió hace tanto tiempo que me parece estar hablando de otra vida. Por eso fue tan desconcertante cuando, justo en el momento en que yo decidía escribir este libro, empecé a Percibir que Zac, una vez más, estaba "apagado".

Durante los últimos años, Zac ha estado trabajando para construir algo que satisfaga su hambre empresarial y mantenga a nuestra familia. Dedicó incontables horas a la organización y durabilidad de ese negocio planificando, elaborando estrategias, estresándose, gerenciando y contabilizando todos los aspectos de la empresa. Pero las cosas se estaban desmoronando y la idea de que ahora todo iba a desaparecer le estaba causando un nivel de estrés, ansiedad y dolor que no había visto en él desde hacía mucho, mucho tiempo.

Decía todas las cosas correctas, en respuesta a las preguntas que yo le hacía:

¿Está tu identidad envuelta en tu trabajo?
No.
¿Estás molesto con Dios?
No.
¿Te comparas con otras personas?
No. Para nada.

Zac no tenía una crisis de identidad. No estaba en medio de una crisis espiritual con Dios. No cuestionaba su valor como esposo o padre. Sus pensamientos estaban en orden. Creía en la verdad acerca de Dios y de sí mismo y aun se aferraba a la esperanza de que al final todo iría bien.

La verdad del asunto dijo, era simplemente que estaba triste.

Zac estaba aparentemente tranquilo con esta emoción. Como era de esperar, yo quería que desapareciera. "¡No!", pensé al principio, "tenemos que arreglar esto. Triste. Ya pasamos por la tristeza. Señor ¿y si este pozo se vuelve tan profundo y oscuro como el primero? ¿Y si resbala más? ¿Desaparece?".

Tenía que tomar una decisión después de oír esas palabras de Zac; él también, de hecho. ¿Dejaríamos tiempo y espacio para su tristeza o lucharíamos contra esa cosa hasta derribarl? No creo que habláramos abiertamente de nuestra estrategia, pero lo que se nos ocurrió a ambos al mismo tiempo fue que él tenía que atravesar por ese asunto. Ambos teníamos que pasar por ello.

Hay momentos en la vida en los que no podemos pasar por encima, por debajo o alrededor de algo. Tenemos simple y llanamente que atravesarlo.

Escucha, sé que Dios nos ha dado poder sobre nuestros pensamientos, pero Dios también nos ha dado el don de las emociones. Y algo en ese momento no tenía que ver con lo que Zac estaba pensando; sino con lo que está sintiendo. Con sentimientos que necesitaba sentir. Ahora, en estos meses, también acude a un consejero, se acerca a la comunidad lo comparte todo, e incluso está tomando medicaciones que en el pasado desempeñaron un papel en su estabilización. Le veo vivir todo lo que voy a compartir contigo de manera muy hermosa.

Le puso nombre, lo compartió y se sentó con él, y eso lo acercó mucho a todos nosotros y a Jesús.

Pero lo que sé ahora —o al menos lo que estoy aprendiendo— y de lo cual no tenía ni idea hace años, es que la situación de Zac no es algo que haya que arreglar. Es algo que uno tiene que sentir mientras lo atraviesa.

"Vamos a estar bien". Le digo diez o doce veces al día.

A lo que él responde:

"Esto no va a durar para siempre."

Lo vamos a cruzar; sé que lo haremos.

Vamos a estar bien. Eso creo.

La noche en que Zac compartió con nuestros hijos el punto dónde se encontraba emocionalmente y la realidad del estado del negocio, nuestro hijo mayor le envió estas palabras:

"Papá, estoy aquí sentado llorando y pensando por lo que estás pasando. Sé que estás dormido y luego te lo diré en persona, pero quiero que sepas que estoy muy orgulloso del padre y empresario que has sido para mí y que me has enseñado a ser.

"Veo tu ética de trabajo, tu visión y tu ejecución cada día y se me rompe el corazón al ver que un sueño no se hace realidad. Pero en lo único que puedo pensar en medio del duelo contigo, es en lo orgulloso que estoy de que seas mi padre. No creo que estaría llorando si no te quisiera y si no te considerara mi mejor amigo. Siempre rezaré por tener aunque solo sea eso con mi futuro hijo. Te quiero, papá y sé que no te lo digo lo suficiente ¡pero estoy muy orgulloso de ti y te seguiré a la batalla donde sea! Si tú y mamá necesitan algo de mí, allí estaré. Gracias por la cena de esta noche."

En la noche oscura uno halla algunos de los mejores momentos de la vida. Pero Zac se perdería cosas como esta si fingiera que está bien. No lo está, pero estaremos juntos mientras avanzamos.

Si sientes que nuestra historia se parece a la tuya, ya sea si vives combates eventuales o una lucha constante contra la ansiedad paralizante o la depresión, rezo y creo que saldrás adelante recordando que Dios está en ese valle contigo, tal y como Él lo prometió.[34]

Y espero que las palabras de las próximas páginas también te den una visión de cómo atravesar la noche oscura. Sintamos juntos el camino mientras lo recorremos.

ENCONTREMOS JUNTOS EL CAMINO A SEGUIR

Cuando estaba en esa llamada de Zoom con el Dr. C no necesitaba una charla estimulante sobre cómo todo iba a estar bien en el trabajo. Necesitaba saber que no estaba sola con mi pánico abrumador.

Cuando estaba en ese retiro con mis amigos de la cohorte, no necesitaba que me juzgaran por estar enojada con Dios. Necesitaba saber que no estaba sola con mi ira.

Una vez que el cerebro y el corazón se dan cuenta de que uno no está solo, los músculos pueden relajarse y el corazón puede abrirse de nuevo.

Podemos vivir en significativa conexión con los demás: con Dios, con nuestro propio corazón, con las personas que Dios pone en nuestro camino. Te mostraré los pasos para percibir, nombrar, sentir y compartir nuestros sentimientos y también para buscar ayuda cuando la necesitemos. Y mientras era tentador pasar por esa progresión a la velocidad del rayo, elaboré a propósito la siguiente sección del libro dándole a cada etapa su propio capítulo.

Quiero desglosar de forma sencilla las cosas que podemos hacer en la práctica con nuestros sentimientos para que, tanto si sienten un millón de cosas enmarañadas, como si se preguntan qué se han hecho sus emociones porque hace siglos que no las sienten, tengan algo sencillo que hacer que los ayude a que empiecen por dónde sea a desembrollarlas paso a paso.

Los nudos de nuestra alma se desenredan con unos pocos pasos. Y los voy a guiar a través de cada uno de ellos.

Y aunque el proceso no es lo que yo llamaría "fácil", nos ayudará a vivir un poco más a gusto día tras día.

Antes de sumergirnos en el proceso, quiero darte una visión de lo que está a punto de suceder.

Mi amiga Caroline también es del medio oeste. Firme, llevadera, rara vez se inmuta por nada. De hecho, lleva nuestros eventos en IF: Gathering como si organizara un *baby shower*, en lugar de planificar el mayor evento de mujeres del mundo.

Hace poco se quedó con mis hijos y —sorpresa—, la agotaron por completo y la dejaron bastante mareada. Ahora quiero usar a Caroline como ejemplo porque es una persona muy estable emocionalmente. ¿Recuerdan mi analogía de la canoa? Ella no choca con la orilla a menudo. Caroline va por un río ancho, sin muchos traumas en su historia. Ella es capaz en gran medida de comunicar sus emociones en tiempo real y permanecer en medio del río. Pero, al parecer, mis hijos tienen la capacidad de lanzar contra la orilla a los mejores remadores.

Detalles aparte, mis hijos y muchas tensiones más hicieron que entrara en pánico por algo que normalmente no la perturbaría. Me dijo después, que su parálisis era una reacción a muchas cosas que estaban fuera de su control y lo que en ese momento necesitaba era ayuda. Necesitaba que otra persona tomara decisiones, organizara el día y ayudara a todos a sobrevivir. Había leído un primer borrador de este libro, así que no pensó demasiado en su oleada de emoción. La sintió. Le puso nombre y pidió ayuda. En este caso, le pidió a su marido que viniera y compartiera la locura con ella. No podía calmarse a sí misma, pero él la ayudó.

Todos necesitamos eso a veces. Alguien que nos ayude a reajustarnos cuando no podemos hacerlo nosotros mismos.

Zac Allen es un gran remero. En la vida real, quiero decir. No sólo cree ser un gran remero, lo es de verdad. La única manera que tengo de completar el trayecto del río es haciendo exactamente lo que él dice.

Menciono esto porque a veces la mejor manera de regular nuestras emociones es tener a alguien a nuestro lado que nos saca de la cama, nos recuerda que tenemos que movernos, encontrarnos con Jesús y vestirnos. Quien sea soltero, lo sentirá como una afirmación cruel. Pero creo en una comunidad tan cercana y profunda que lo puede hacer por uno, tal vez aún mejor que un cónyuge. A menudo mis amigos más cercanos son los que lo hacen por mí.

En resumidas cuentas, lo que vamos a hacer juntos los va a cambiar, les dará flexibilidad y les dará vida, pero necesitan a su gente. Si tu respuesta a esto es: "No tengo gente", entonces deja un marcador en esta página del libro y ponte a leer mi último libro: *Encuentra a tu gente*. ¡Necesitas gente en el bote contigo!

TERCERA PARTE

Cómo ordenar nuestra interioridad

8

MÁS ALLÁ DE BIEN

PERCIBIR
NOMBRAR
SENTIR
COMPARTIR
ELEGIR

La otra noche estaba haciendo la cena familiar cuando empecé a sentir lo que sólo puedo describir como una sensación de escozor en la mente y en el alma. ¿Te ha pasado alguna vez? Estás ocupado haciendo algo. Hay otras personas en la habitación. Piensas que estás ahí, siendo normal, viviendo la vida. Pero algo te sigue molestando, algo en lo más profundo de tu ser. No lo puedes identificar exactamente, pero estás consciente de que está ahí. ¿Te empujas más allá de eso y sigues haciendo lo que estás haciendo? O te refrenas y lo asimilas...

Allí estaba yo esa noche, justo en ese cruce de caminos. Sólo quería terminar de hacer la comida y poner la cena sobre la mesa. Pero la mosca esa me zumbaba en la cabeza y no se iba a callar si no le lanzaba un par de manotazos.

De pie junto a la cocina, dejé de revolver. Cerré los ojos un segundo para apartar la escena que se desenvolvía a mi alrededor. Por un momento ignoré al niño que se lamentaba por el desafío de un ser querido; al otro niño que obviamente necesitaba dinero para algo y preparaba un alegato a prueba de balas; al esposo que sin saberlo estaba exasperado con ambos niños, lo que me obligaba a intervenir como árbitro a cada rato.

Consideré mis opciones:

Podía servirme un vaso de vino.

Podía ignorarlo todo, dejar la cena en la mesa e irme a la cama.

Podía gritar: "¡Chicos, no aguanto más esta porquería! Que todo el mundo pare ¡YA!

O podía hacerlo de otra manera.

Esto es lo curioso de las tres primeras opciones: Pensamos que cuando reprimimos, disimulamos o controlamos, hemos "gestionado" las emociones que sentimos. Esto no podría estar más lejos de la realidad. Cuando nos distraemos de lo que sentimos o reprimimos las emociones que suplican ventilación, o exigimos que nuestras circunstancias y las personas involucradas cambien a nuestro antojo, sólo hemos pateado el problema unos pies más adelante, donde estarán cuando los alcancemos.

Yo lo sé.

Lo sabía aquella noche.

Por eso luché con uñas y dientes para conectar.

¿Primer paso de la conexión a través de los sentimientos? Es percibir cómo nos sentimos.

Así que me hice una pregunta sencilla: "¿Cómo me siento?".

Y esto fue lo que me dije en respuesta: "Me siento… no bien."

Ahora, vamos a dedicar todo el próximo capítulo a hablar de

cómo nombrar de forma adecuada y precisa nuestras emociones, pero como primer paso para desarrollar esa habilidad, vamos a empezar con dos categorías básicas de sentimientos:

Bien.

Y No bien.

Incluso con un entrenamiento mínimo, generalmente sabemos cuándo estamos bien y con seguridad sabemos cuándo no estamos bien. ¿Correcto?

No me sentía bien.

Estupendo. Buen punto de partida. No me siento bien.

En ese momento fui lo suficientemente astuta como para detectar también que estaba triste, con una pizca de desesperación. La combinación me producía mucha ansiedad y por eso tenía la sensación de "escozor" que describí.

Estaba experimentando algunas emociones y decidí darme cuenta de que estaba percatándome de algunos sentimientos. Esto es un verdadero progreso para mí.

EL COSTO DE NO PERCIBIR

Durante meses he estado pensando en esta progresión de cinco etapas para engranar nuestras emociones y esto es lo que he notado sobre el percibir: tendemos a percibir muchas cosas que a la larga no importan mucho y a no hacerlo con cosas que sí importan.

Notamos: que algún famoso tiene un nuevo interés amoroso; cuando nuestro supermercado comienza a vender nuestras papitas predilectas; el rayón en nuestros zapatos favoritos que no se quita por mucho que los cepillemos; el extraño gesto en la cara de alguien cuando le pedimos un favor.

Cada día nos fijamos en un millón de cosas, las observamos, las asimilamos. Les prestamos atención como si fuéramos médicos forenses, como si nuestro sustento dependiera de nuestro poder de percepción.

De igual forma, podría acercarme a ti en cualquier momento del mismo día y decirte: "Oye, ¿cómo te sientes... de verdad?".

Y si eres como yo y como la mayoría de la gente, pasan tantas cosas por dentro de ti que ni siquiera sabrás cómo responder. Aunque quisieras responder con sinceridad (y eso es un gran "s", dada nuestra tendencia a controlar-ocultar-reprimir), nos resulta traicionero precisarlo.

Así que todos damos la misma respuesta automática.

Bien.

¡Muy bien!

Total y completamente bien.

Cuando mis hijos estaban pequeños y la gente acostumbraba a hacerme esa pregunta, y aun a veces ahora, la vida es tan ajetreada y ruidosa que en ocasiones de verdad no sé la respuesta. Quiero ser compasiva contigo si es así. Parte de este proceso consiste en ir lo suficiente despacio como para escuchar a nuestros corazones, para escuchar las partes de nosotros que Dios hizo y que solemos desestimar o juzgar. No pasa nada si no saben. Por favor, no se castiguen ni un minuto en todo este proceso. Tampoco pasa nada si sienten cien cosas a la vez. No pasa nada.

Si pudiera sujetarte por la cara y pedirte que hicieras algo por mí durante el viaje hacia la salud emocional, sería que resistieras el impulso de juzgarte a ti mismo y a las partes de ti que puedan estar despertando o gritando y volviéndose locas.

Ahora quiero preguntarte ¿cómo te sientes en este momento? Quiero decir ¿cómo te sientes de verdad?

Esperaría que me miraran y respondieran honestamente: "Bien" o "No Bien".

Hay mucho más en su verdadero estado emocional que esta respuesta demasiado simplista, por supuesto que lo hay. Pero es un punto de partida. "Bien" y "No bien" son mucho, mucho, mucho mejores que nuestro condicionado: "Bien, bien, de verdad ¡estoy bien! Total y completamente bien."

Suprimir tus emociones puede tener consecuencias perdurables. Si separas lo que estás experimentando en tu interior de la gente que te rodea, pueden percibirte como falto de interés o poco auténtico y la energía necesaria para suprimir la emoción puede dificultar estar presente para otras personas.[35]

Sé que piensas que ignorar tus emociones no te está costando nada. Pero no es así. **Estamos hechos para sentir.**

Según un estudio de la Escuela de Salud Pública de Harvard y la Universidad de Rochester: "Las personas que reprimen sus emociones aumentan hasta en más de un 30% sus probabilidades de muerte prematura por cualquier causa y su riesgo de ser diagnosticadas con cáncer aumenta en un 70%."[36]

Permíteme compartir algunos de los hechos científicos favoritos que descubrí mientras investigaba.[37] Creo que me gustó tanto investigar porque me ayuda un poco a aclarar exactamente cómo Dios hizo obrar nuestras emociones.

Las emociones siempre se adecúan a un enfoque de tres fases:

1. *Suceso provocador*: Primero, uno se encuentra con un acontecimiento tan trivial como recoger la ropa de la tintorería o tan devastador como recibir un diagnóstico de cáncer.
2. *Predicción*: En segundo lugar, la mente (por lo general de forma subconsciente) hace una predicción sobre si se trata de un acontecimiento positivo o negativo.

3. *Efecto*: En tercer lugar, el cuerpo y la mente reaccionan y uno manifiesta una respuesta emocional.

Si posees las reservas emocionales, mentales y físicas para tramitar la nueva información, el acontecimiento apenas sacude la barca. Lo sientes, no hay duda. Pero eres capaz de responder de forma saludable.

Ahora, si no tienes las reservas para tramitar la noticia, tu cuerpo y tu mente empiezan a retorcerse y apagarse.

¿Has sentido alguna vez que se te acelera el corazón o se te oprime el pecho sin saber por qué?

Hace poco iba conduciendo a última hora de la tarde. Acababa de recoger la ropa de la lavandería y hacía planes sobre qué cocinar para la cena. Pero me sentía incómoda. Me faltaba el aire y sentía opresión en el pecho. Mientras intentaba decidir qué hacer para cenar, mi mente no paraba de dar vueltas. No pensaba en nada en concreto, mis pensamientos solo rebotaban como una pelota. Era evidente que tenía síntomas de ansiedad, aunque no podía identificar nada concreto que me provocara ansiedad.

En ese momento hice una pequeña evaluación. Mi primer repaso no produjo gran cosa. No tenía ningún estrés evidente ese día. Había empezado bastante contenta y había hecho muchas cosas. No recordaba ningún conflicto que hubiera experimentado más temprano.

Aunque no había nada "malo" de importancia, ocurría que ese día cayó dentro de una temporada de intenso estrés para mí. Zac daba vueltas emocionalmente, nuestro futuro y nuestras finanzas eran menos seguros y decidir qué cenar y pagar la lavandería con la tarjeta de crédito, no habían sido la rutina que acostumbraba. Volver a casa significaba hablar con mi marido de las dificultades que se hubieran desarrollado en su día y preguntarme en qué estado se encontraría.

Así que no era nada: lavandería, planes para cenar, diez minutos en coche hasta casa. Pero también era algo, porque mis reservas se estaban agotando. Espantosamente bajas, de hecho. Escuchen, soy la reina de la compartimentación. Quiero decir, ¿cómo se supone que vamos a lograr hacer algo si las cosas difíciles que se arremolinan en nuestra vida ocupan todo el tiempo el primer lugar en la mente? Se me da muy bien meter mi dolor en una "caja en el estante", una habilidad que a menudo nos sirve en épocas de estrés.

Pero en lugar de permanecer encerrado en silencio, el dolor cada vez reclama más atención, desde luego que mientras me ocupo sin pensar de la ropa en la lavandería.

Por lo tanto, imaginemos que me niego a indagar un poco más para averiguar de dónde procede esa sensación de malestar. Digamos que intento mantenerla en un segundo plano y me limito a pensar en la cena.

Siguiendo este pequeño guion, me dirijo a casa con el pecho apretado y el ritmo cardíaco elevado (más de cien, lo sé gracias a mi querido reloj Apple Watch) y mis reservas peligrosamente bajas. Entro y la casa es un caos, todos mis hijos me necesitan y Zac se retrajo a nuestro dormitorio en el piso de arriba porque se siente triste y sus propias reservas están agotadas. ¿Y adivinen qué me pasa? Estallo. Pierdo los estribos allí mismo, delante de mis hijos que probablemente también hayan tenido un día tenso debido a sus propios problemas con la dislexia, los acosadores y las expectativas sobre cómo debería ser la vida. Sus reservas también están muy bajas. Suspiro.

Así que, hago todo eso… o percibo lo que siento.

Noto lo que siento y por qué lo siento.

Según este guion, entro a mi casa, reconozco la realidad de mi tensa familia, algunos miembros de la cual probablemente estén descargándose conmigo y en vez de responder a gritos, digo: "Oigan, ¿qué tal si nos sentamos y hablamos sobre los días de cada uno? Tuve un día duro. He estado preocupada por algunas cosas de papá y casi me vuelvo loca en el coche.

Y entonces un niño dice: "Uf. Yo también. Fulano no paraba hoy de burlarse de mí. Estoy harto de que se metan conmigo."

Y otro niño dice: "Yo también he tenido un mal día. Creí que había salido bien en una prueba y resulta que me pusieron una C."

Mi marido baja, nos abrazamos y, en lugar de fingir que todo va bien, les cuenta a los niños por qué su día fue duro y nos sentamos a comer nuestra cena improvisada allí mismo, con todo lo padecido ese día. Nos enfrentamos juntos a lo sufrido. Y es caótico y está bien y la dificultad se hace más ligera porque la llevamos juntos.

Las emociones se sanan mejor en compañía. Es como mejor se curan porque nos fueron dadas para conectarnos con los demás. Llorar solo es catártico, pero llorar unidos, sana.

Por todas partes se producen acontecimientos instigadores. Tu mente y tu cuerpo han previsto su precio y es alto. Y sí, te verás afectado por cada uno de ellos.

Otra cosa es cierta: por todo lo que está ocurriendo a nuestro alrededor, tus reservas están probablemente más bajas de lo que nunca lo han estado. Y Dios y yo (y espero que alguien más en tu vida) podemos mirarte y decirte: Por supuesto que se sientes de esa manera. Porque todo es muy duro.

PERCIBIRSE ES ESENCIAL PARA CONECTAR

En Marcos 5: 25-34, leemos acerca de una mujer que ha estado sangrando durante doce años y está desesperada porque la curen.

Jesús está rodeado de una muchedumbre. Cuando ella lo ve, se abre paso entre la multitud, toca su manto y queda curada al instante. Pero Jesús es alguien que percibe. Y lo detiene todo. La busca y pregunta quién lo tocó. Y la mujer se acerca a Jesús, la Biblia dice que "temiendo y temblando" de miedo.

Me imagino a Jesús acunando su rostro entre las manos, mirando a sus ojos y declarando su deleite por ella. "Hija, tu fe te ha hecho salva; ve en paz y queda sana de tu azote."[38]

¿Ves? Para Jesús no era suficiente sanarla. Él quería una relación con ella. Se detuvo en medio de la multitud y tomó en cuenta a una mujer que había sido relegada toda su vida. No quería tan solo que dejara de sangrar. Quería mirarla a los ojos y conectar con ella y comenzar una relación con ella. Usando un lenguaje íntimo: "Hija."

La mujer tenía que percatarse de lo que necesitaba y creer que Jesús podía curarla. La mujer debía tener valor suficiente para traspasar cualquier barrera que le impidiera tocarlo y estar cerca de Él. Pero en cuanto lo hizo, Jesús se dio vuelta y la encontró. No sólo sanó su cuerpo, sino que inició una relación con Él que duraría para siempre.

Escucha, sé que el proceso puede parecer intimidante o temible, especialmente si creciste en un hogar donde apenas se reconocían los sentimientos. O tal vez sientes tanto que tienes miedo de que los sentimientos te abrumen si te detienes a prestar atención al dolor que has estado alejando de ti. Sé que no es fácil.

La verdad sobre ti y sobre mí es que pasamos tanto tiempo en nuestros pensamientos —en nuestra cabeza— que nos puede resultar incómodo sentir de repente. Mi consejo es que perseveres. Inténtalo. Presta atención a las emociones que sientes. Admite que están ahí.

Sé de primera mano lo tentador que es negar que sentimos lo que sentimos. Pero **no nos hacemos ningún favor cuando**

fingimos estar bien. La psicología confirma que las emociones están estrechamente conectadas con nuestro sistema de motivaciones, lo cual significa que necesitamos sentir nuestras emociones si queremos lograr algo.[39] Si queremos vivir una relación significativa, tenemos que sentir nuestras emociones. Si queremos renunciar a la tentación, tenemos que sentir nuestras emociones. Si queremos experimentar placer, tenemos que sentir nuestras emociones. Si queremos superar el dolor, simplemente son esas emociones las que debemos sentir.

De modo que, quiero que hagas esto cuando dejes el libro de lado y continúes con tu día: La próxima vez que sientas que una emoción crece —en tu cuerpo, tu mente, tu espíritu, en tu alma—, quiero que dejes de hacer lo que estés haciendo. Solo un segundo, puedes detenerte. Percibe el sentimiento en vez de ignorarlo, conecta con él.

Si te sirve de ayuda, hazte estas dos preguntas:

1. ¿Qué siento emocionalmente? ¿Estoy bien o no estoy bien?
2. ¿Puedo sentarme con cualquiera de las dos realidades por un rato?

Pueden llevar las cosas un paso más allá haciéndose una tercera pregunta, que es la siguiente:

3. ¿Cuánto tiempo llevo sintiéndome así? ¿Una hora? ¿Un día? ¿Un año? ¿Desde que tenía diez años?

Ampliaremos esta progresión en los próximos capítulos, pero por ahora, con prestar atención basta. Si tienes problemas para determinar si estás bien o no, sintonízate con tu cuerpo por un minuto y observa si te da alguna pista. **Nuestro cuerpo está**

constantemente dándonos información sobre cómo nos sentimos, pero tenemos que prestarle atención para enterarnos.

Hace poco, una amiga pasó por mi casa para hablar conmigo sobre uno de sus conflictos. Después de que se pusiera cómoda, le dije:

—¿Dónde percibes las sensaciones de tu cuerpo ahora mismo?

—En los hombros —respondió. —No consigo relajarlos para que bajen de mis orejas.

Es revelador, ¿verdad?

Tal vez para ti sea la rodilla que salta o no poder quedarte quieto en tu silla; una opresión en el pecho o náuseas.

Tómate un minuto y observa tu cuerpo. ¿Dónde sientes emociones diferentes?

Encuentra un lugar tranquilo para sentarte.

Cierra los ojos.

Asienta los pies en el piso.

Comienza por los pies y préstale atención a tu cuerpo.

¿Sientes algún dolor?

¿Sientes alguna incomodidad?

¿Tienes dolor de cabeza?

¿Tienes la mandíbula tensa?

¿Tienes los hombros caídos?

¿Tienes el pecho oprimido?

¿Tienes dolor de estómago? O ¿sientes mariposas en el estómago?

¿Te tiemblan las manos?

¿Qué has notado?

Estamos tan acostumbrados a descartar las señales de nuestro cuerpo que siempre nos sorprende cuando nos damos cuenta de lo conversador que ha sido todo el tiempo.

EL COMIENZO DE UNA VIDA PLENA

Permíteme darte un par de ejemplos de lo poderoso que puede ser "prestar atención". Uno de ellos tiene que ver con uno de mis hijos y para proteger a esa persona —en caso de que no esté interesada en salir en el libro de su mamá—, me referiré a ella como Kid.

Kid siempre ha luchado para sentir sus emociones. Por años, la única emoción que Kid expresaba era la rabia. Tú y yo sabemos que la ira suele ser el disfraz de otras emociones —tristeza, frustración, miedo—, pero lo que siempre expresaba era ira… rabia pura sin barniz.

Después de probar todo tipo de intervenciones, Zac y yo decidimos que a Kid le vendría bien ir a ver a un consejero. Concertamos unas cuantas citas y observamos si daba señales de vida.

Pasó una sesión y nada cambió. Dos sesiones: seguía sin haber cambios. Pero después de unas tres sesiones de terapia de alta calidad, Kid empezó a Percibir (¡palabra clave!) que había otras emociones. Habían estado ahí todo el tiempo, por supuesto, aunque Kid se había negado a darse por enterado.

Te gustará saber esto: la misma noche en que yo estaba experimentando la oleada de ansiedad debido a que me sentía triste, con un toque de desesperación, Kid tuvo una crisis total en el patio, sollozando, con la cabeza hundida entre las manos. Recuerdo haberme salido un momento de mi propia espiral descendente para susurrar: "Esperen. ¿Cómo? ¿Mi hijo se siente triste? Sí. ¡Punto a favor!". ¿Quién se alegra de que su hijo esté triste? Cualquiera que vea estas emociones como dones. Porque todos necesitamos sentirnos tristes de vez en cuando. Y era la primera vez que en él emergía algo que no fuera rabia. ¡Era una victoria!

Sin duda, Kid todavía tiene mucho trabajo por delante antes de que yo lo pueda describir como emocionalmente sano, resiliente o maduro. Pero al admitir que otros sentimientos están presentes —percibiéndolos, finalmente—, estamos progresando.

He aquí otro ejemplo: Hace poco hablaba con una compañera de equipo sobre algunas de estas ideas y me dijo: "Si te planteo una situación real, ¿me orientarías a través de ellas?".

Cuando le dije que sí, me explicó que a pesar de estar ya en la madurez de su vida, seguía luchando contra un perfeccionismo debilitante que le impedía disfrutar incluso de triunfos evidentes. Unos días antes de que habláramos había conseguido una de esas victorias y le molestaba no poder saborearla.

—¿Por qué? —me preguntó.

Le hice las mismas preguntas que te pido que te hagas a ti mismo. La primera:

—Bueno, ¿cómo dirías que te va? No muy bien, supongo.

—No muy bien —me confirmó. —Siento que no estoy a la altura.

Hablamos un poco de ello y luego le dije:

—Intenta recordar. ¿Cuándo sentiste por primera vez lo que sientes ahora?

No exagero ni un poco cuando les digo que, sin perder un segundo, aquella mujer me señaló el momento, el lugar y exactamente lo que llevaba puesto en aquel momento. Era una niña. Sólo tenía diez años. De pie en la cocina con su madre y su padre. Contándoles entusiasmada a sus padres su día de colegio. Llevaba una camiseta blanca de manga larga con un arco iris gigante en el pecho, pantalones cortos vaqueros y zapatillas Keds rojo cereza.

"Mi padre acababa de llegar del trabajo y corrí a la cocina para contarle lo bien que me había ido en el examen de matemáticas de ese día, pero entonces todo se vino abajo."

Me contó que después de pedirle a su padre que adivinara qué nota había sacado en el examen, él había afirmado "100", la nota perfecta. En realidad ella había obtenido un 98 y, aunque era una nota de la cual sentirse orgullosa, de alguna manera interiorizó el mensaje de que un 98 no era suficientemente perfecto.

Hablamos de lo común que era dar más significado a las cosas que oímos de las personas poderosas de nuestras vidas jóvenes que a lo que esas personas pueden haber querido decir y de lo difícil que es rebobinar hasta esos primeros recuerdos y desenrollar esos hilos de nuestros corazones.

Conciencia emocional: Una historia personal

¿Alguna vez reaccionaste de manera exagerada con respecto a lo que uno de tus hijos había hecho? Había comenzado a Percibir un patrón de reacción excesiva hacia uno de mis hijos en particular, cuando una amiga me dijo: "Lo primero que puedes hacer por tus hijos es darle sentido a tu propia historia."

Así que empecé simplemente a prestar atención a mis sentimientos en esos momentos y a preguntarme: "¿Qué siento?". Y luego: "¿Cuándo sentí esto por primera vez en mi vida?". Nueve de cada diez veces surgía un momento o una historia de mi propia vida de niña, a la cual era necesario ponerle nombre. Cuando comencé a nombrar y compartir mi propia historia de forma regular con otras personas de mi comunidad, y esa historia fue recibida con amor, la parte de mí que reaccionaba se calmó. Se aquietó. Empecé a experimentar lo que el Salmo 131:2 llama un alma quieta: "En verdad que

Es duro.

Pero también merece la pena.

En este capítulo y en los siguientes he incluido historias de cinco amigos míos que han emprendido viajes similares para desenredar sus emociones y que confirman personalmente que la libertad que han encontrado merece absolutamente todo el trabajo duro que han invertido.

Animé a mi compañera de equipo a que empezara su viaje de curación prestándole atención a esos sentimientos de inadecuación y reconociendo que están ahí desde hace un buen tiempo.

me he comportado y he acallado mi alma. Como un niño destetado de su madre. Como un niño destetado está mi alma."

¡Pronto aprendí que la conciencia emocional crea opciones y las opciones dan poder! En lugar de reaccionar, con el tiempo aprendí a hacer una pausa, sentir mis emociones y luego responder. Suena muy sencillo, pero hasta el día de hoy, aun me cuesta mucho esfuerzo sintonizar conmigo misma. Pero esta forma de sintonizar conmigo y de permitir que partes de mí reciban amor y aceptación de otros, me está llevando a criar a mis hijos de manera más plena (y santa).

Aunque finalmente acepté que no existe una fórmula para una crianza perfecta que dé como resultado unos hijos perfectos, este enfoque me está ayudando a reconocer mejor tanto mis necesidades como las suyas.

—Jessica, cuarenta y seis años.

Esto es lo más lejos que hemos llegado juntas y, aunque habrá más información sobre cómo curarse de esas heridas, por ahora basta con *percibirlas*.

Pero también diré lo siguiente: Si esa compañera sigue el resto de la progresión de la que hablaremos en los próximos capítulos, aprenderá a hacerse amiga de esa versión más joven de ella misma y a ayudar a esa "ella más joven" a sanar.

Y lo mismo es verdad para ti.

Un pequeño inciso antes de continuar: Mi amiga me dijo que cuando recuerda esa versión más joven de sí misma, siente lástima por ella, casi como si le diera pena que esa niña se hubiera dejado robar la felicidad por otro, que permitiera que el comentario de su padre tuviera tanto peso en su corazón.

Cuando escuché esa afirmación, sentí ganas de llorar. "Vaya, dije, me doy cuenta de que desearías haber hecho las cosas de otra manera, pero, sinceramente ¿qué podías hacer a los diez años? Nuestros padres son personas muy influyentes en nuestras vidas cuando crecemos. Tengo una visión totalmente distinta de las cosas."

Cuando pensé en cómo era esta amiga cuando tenía diez años, la cual a mí siempre me parece fuerte y segura, sentí una profunda compasión por ella. Hubiera querido darle a esa niña un fuerte y cariñoso abrazo, envolverla en mis brazos, bañarla de sonrisas y risas. Hubiera querido darle a esa niña una gran fiesta y celebrar su impresionante nota de examen. Quería poner mis manos en sus mejillas, mirarla directamente a los ojos y decirle que debía estar muy orgullosa de sí misma. Quería ayudarla a ver que había ganado, no perdido; que no sólo "no era inadecuada", sino que era increíble a mis ojos.

¿La mejor noticia de todas? Sabiendo lo que sé de este proceso en el que nos estamos embarcando, no me sorprendería ni un poquito que dentro de un mes o un año se me acerque y me diga: "Oye, me está empezando a gustar bastante la que era yo cuando tenía diez años."

Y todo se habrá iniciado con percibir: prestando atención a lo que percibimos en nuestras emociones, reconocer que esos sentimientos son verdaderos para nosotros y recordar cuándo aparecieron por primera vez en nuestras vidas las emociones que estamos experimentando.

A MEDIDA QUE progresamos juntos en la conexión con nuestras emociones, tal vez sea sabio ir más despacio y sentarnos unos días con cada capítulo. Practica cada paso. Apóyate en cada uno. Al principio puede parecer raro. A medida que practiques cada fase de la progresión se volverá familiar y más natural.

Sobre todo, te animo a que invites a Dios a que te acompañe en la jornada.

¿Te da miedo sentir esas emociones? Pídele a Él fuerza para afrontarlas.

¿Estás confundido con lo que sientes? Pídele comprensión y claridad.

¿Te sientes abrumado de sentimientos? Pídele la paz que sobrepasa el entendimiento.

¿Estás entumecido y no sientes nada? Pídele que te despierte el corazón.

Él te ama. Él te hizo. Hizo estas emociones para que te acercaras a Él. Así es como lo hacemos. Habla con Él sobre todo esto.

9

EL VOCABULARIO
DE LA EMOCIÓN

PERCIBIR

NOMBRAR

SENTIR

COMPARTIR

ELEGIR

"¿Cómo te hace sentir eso?". Es la pregunta que menos me gusta que haga mi consejero y la hace todo el tiempo. Al principio de nuestro tiempo juntos, la odiaba tanto porque honestamente no lo sabía. No sabía cómo me sentía. No podía situarlo muy bien. Y eso me asustaba. De modo que imagino que cuando me preguntaba cómo me sentía… me sentía asustada.

Asustada de no poder localizar mi corazón y, por lo tanto, asustada de que la respuesta que él parecía creer que debía ser obvia, y quizá lo era para todos menos para mí, no lo fuera.

Y así, allí estábamos otra vez, y de nuevo no sabía cómo me sentía. No podía nombrarlo.

Tengo un amigo al que le gusta citar al apóstol Pablo, cuando dice: "Nos vemos atribulados en todo, pero no abatidos"[40] y añade: "De modo que hay un pequeño lado que no está abatido. Así que estoy bien. Estoy bien. Tengo un pequeño lado que está bien."

A veces nos preguntan: "¿Cómo te sientes realmente?". Y decimos: "Bien" y lo decimos en serio. Otras veces decimos: "Bien", porque es la única opción. Todo el mundo nos necesita, ¿qué otra cosa podemos hacer? Si nos derrumbamos y dejamos salir a la vista todos nuestros sentimientos, nuestro mundo puede colapsar.

Y no pasa nada. A veces controlar, reprimir y ocultar puede ayudarnos a pasar las temporadas en las que lo mejor que podemos hacer es sobrevivir.

Pero con el tiempo todas esas tácticas evasivas se arraigan. Es simplemente nuestra forma normal de vida. Y nos convertimos en una especie de robot programado. No sólo en la forma en que respondemos a la pregunta de cómo estamos, sino también en la forma en que nos desconectamos de nuestros propios sentimientos.

La terapia me enseñó que había olvidado cómo sentir. Había olvidado cómo darme cuenta de lo que sentía y ponerle nombre. Así que dejé de sentir. Hasta que aprendí a sentir de nuevo. Tuve que aprender a darme cuenta de lo que sentía y a ponerle nombre, como un niño en el jardín de infantes con una tabla de sentimientos que señala una carita sonriente, una carita enfadada o una carita triste con una lágrima bajando por la mejilla.

Tuve que aprender a sentir otra vez; primero tuve que prestarle atención a todo lo que ocurría en mis adentros y aprender una vez más a nombrarlo.

Quizá te sientas como ese niño de kínder que ni siquiera puede decidir cuál carita señalar. Está bien.

Entiendo. Vamos a profundizar en ello.

NOMBRAR IMPLICA AUTORIDAD

Los humanos tenemos una necesidad profundamente arraigada de nombrar las cosas. Les ponemos nombre a nuestros hijos. Ponemos nombre a nuestros vehículos. Ponemos apodos a nuestros amigos. Ponemos palabras a nuestros propósitos y a nuestros años. Atribuimos este tipo de significado a casi todo, como una forma de identificar, de distinguir, de honrar, de mantener la organización.

Utilizamos las palabras para entender mejor las cosas y para poner orden en nuestros mundos.

Desde el inicio de los tiempos, nombrar ha sido sinónimo de autoridad. Dios nombra a Adán y a Eva y luego les da el dominio sobre los animales y la tierra; entonces ellos nombran a los animales.

Me gusta la imagen de "nombrar para domesticar" porque se aplica perfectamente a nuestras emociones. Piénsalo: ¿por qué querrías "domar" algo si no es para acercarlo un poco más a ti?

Domamos o amansamos a los caballos para poder montarlos.

Domesticamos ciertas razas de perros y felinos para que puedan vivir apaciblemente en nuestras casas.

Sosegamos a los niños revoltosos para poder mantener la cordura en la vida.

"Si quieres amansarlo, ponle nombre," dijo una vez el Dr. Daniel Siegel.[41]

Lo que quiero decir es, que domesticar algo es recordarle que no tiene el control. Me apresuro a señalar que nosotros tampoco tenemos el control. A lo que queremos llegar, con respecto a las emociones, es al tipo de relación que caracteriza a un baile entre dos personas.

Queremos trabajar con nuestras emociones, no contra ellas. ¿Por qué es tan difícil?

A muchos de nosotros no nos enseñaron a identificar nuestros sentimientos. O nos desanimaron a darles voz.

A muchos nos preocupa que estar tristes o enojados pueda ser pecado.

Algunos incluso aprendimos que si nos sentimos felices, probablemente estemos equivocados.

Estamos tan ocupados y distraídos que es más fácil no pensar en ello.

No creemos que nada pueda cambiar, así que no le vemos sentido.

Nos parece trivial sentir emociones negativas cuando nuestras vidas no son tan malas.

Tenemos miedo de que si dejamos de controlar, reprimir y ocultar, nuestros sentimientos se apoderen de nuestras vidas.

Pero nombrar honestamente lo que sentimos es esencial para desentrañar nuestro mundo interior. Jesús les hacía preguntas a las personas para que nombraran lo que era cierto en lo más profundo de sus almas.

¿Qué quieres?

¿Por qué tienes tanto miedo?

¿Por qué dudas?

¿Qué quieres que haga por ti?

¿Me amas?[42]

Normalmente empezaba con un diagnóstico, pero no lo ofrecía a la gente, sino que la enviaba a descubrirlo por sí misma. A menos que no lo hiciera y entonces, en amor, Él establecía la verdad para ella. Por ejemplo, Él se encontró con la mujer en el pozo precisamente donde se había escondido en su desesperación y vergüenza; cuando Él le dio la oportunidad de decir lo que era cierto y ella se lo guardó, entonces fue Él quien expresó todo aquello que a ella la avergonzaba. Lo puso en palabras, por cuanto ella no era lo suficientemente valiente como para hacerlo por sí misma.

Él la abordó con afinidad, esperanza y promesa; no con la culpa y vergüenza que ella estaba acostumbrada a sentir. Él la sorprendió con Su amor por ella. Nunca hubieran podido conectar a menos que los temores y la culpa que ella sentía fueran expresados.

TU SIENTES, PERO NO ERES TUS SENTIMIENTOS

La madurez emocional es la capacidad de sentir lo que sentimos sin hacer juicios y sin que las emociones nos controlen. La plenitud emocional comienza al prestar atención a lo que sentimos y ponerlo en palabras, para luego decidir qué hacer con ello que permita que esas emociones nos lleven hacia Dios y hacia los demás.

Hablamos de sanación. Hablamos de plenitud de sentimientos. Hablamos de sentir profundamente y conectarnos hondamente, gracias a ello, con Dios y con los demás. **Pero demasiados hemos carecido del vocabulario para describir nuestros sentimientos o hemos malinterpretado lo que constituye una emoción**.

Por ejemplo, me temo que hemos hecho creer a toda una generación que la ansiedad y la depresión son sentimientos. No lo son. Son patologías. Algo que los médicos diagnostican.

Espero haber compartido suficiente de la historia de mi familia para que sepan que hay enfermedad mental por estos lados. Tenemos depresión de la que no podemos deshacernos. Tenemos ansiedad que requiere medicación y terapia. Alabado sea Dios por la ayuda que eso ha sido en nuestras vidas. Pero la ansiedad clínica y la depresión no son nuestras emociones.

Emociones son la pena, la preocupación, la angustia. Y esperanza y contento y alegría. Como nunca hemos aprendido a nombrar, compartir y sentir esas emociones, acabamos teniendo patologías. Sí, a veces es solo el quebrantamiento de nuestro mundo colapsado. Nuestro cuerpo no produce las sustancias químicas adecuadas y no hay nada que podamos hacer al respecto, salvo tratarlo como a una enfermedad.

Pero incluso con un diagnóstico, si queremos progresar hacia la salud tenemos que aprender a sentir todo el espectro de las emociones. Cualquier médico o consejero te dirá que no basta con tomar medicamentos. No basta con tratar el problema químico. Tienes que aprender a nombrar el dolor, compartir el dolor y curarte del dolor. Esto puede llevar mucho tiempo, porque hemos pasado décadas aprendiendo a ocultarlo, reprimirlo y controlarlo. Cambiar eso puede llevar más de un minuto. No podemos acudir a lo que no nos enseñaron. Sólo podemos luchar por aprenderlo y hacerlo diferente, por nosotros y para la generación siguiente.

La gente cambia. La gente puede cambiar.

Lo vi con mis ojos cuando Zac aprendió a sentir allí mismo, delante de mí. Lo aprendió y eso lo convirtió en el marido, amigo, padre e incluso seguidor de Dios más presente y afectuoso que puede haber. Aprendió a sentir.

Vamos a poner en palabras nuestros sentimientos. Empecemos.

LAS CUATRO GRANDES

Mientras comienzas a pensar en cómo nombrar los sentimientos que tienes, quiero ofrecerte cuatro puntos de inicio.

En el capítulo 8, la fase del percibir, simplemente evaluamos si estábamos "Bien" o "No bien". Bastante básico, lo sé. Ahora, vamos a trabajar en profundizar esa articulación categorizando nuestro nivel de "bienestar" o de "malestar" con palabras mejores y más ricas.

Quiero referirme brevemente a las Cuatro Grandes en lo que respecta a las emociones, con una aclaratoria sumamente importante y es que, según el experto en emociones que se consulte, se obtendrá un recuento muy distinto:

Hay cuatro emociones principales.

No, ¡cinco!

Craso error. Son siete.

Para nada. ¡Son veintiuna!

Yo opté por cuatro, porque mi cerebro puede recordar cuatro.[43] Sin embargo, a medida que crece la inteligencia emocional, la meta es aumentar la especificidad para ser capaz de designar con mayor detalle lo que sientes. Así que debajo de cada una de las cuatro emociones primarias puse una lista de varias emociones secundarias por orden de intensidad creciente. Esto es importante porque si un amigo te pregunta cómo te sientes y le dices: "Me siento triste", esa tristeza puede ser más específicamente decepción por no haber sido invitado a una reunión. O puede ser desesperación porque a tu padre le acaban de diagnosticar un cáncer terminal. Naturalmente, la respuesta de tu amigo se adaptará a cada caso específico y la respuesta de tu propio corazón y de tu cuerpo será muy distinta, dependiendo de las particularidades y la intensidad de la emoción.

Nadie tiene que enseñarte a sentir. Un bebé nace y se siente triste y feliz y necesitado y anhelante. Estos sentimientos son innatos, universales. Y le dicen al mundo que nos observa lo que necesitamos, lo que queremos y lo que pensamos, aun antes de que tengamos las palabras para decirlo. Salimos de la comodidad del vientre materno a un mundo brillante y desconocido y nos sentimos tristes, enojados o quizá, incluso complacidos. De hecho, esas emociones te ayudan a sobrevivir porque la expresión de esos sentimientos impulsa a los que te rodean a conectarse y responder.

Y desde el principio podemos sentir una serie de emociones al mismo tiempo. No me había dado cuenta de que pudiéramos tener tantas partes en nosotros hasta que fui a terapia. Una parte de mí puede estar asustada, otra emocionada y otra triste, en el mismo preciso instante, acerca del mismo preciso acontecimiento. De alguna manera, no lo sabía. Solo me sentía confusa. Por ejemplo, puedes casarte y sentir alegría, pero también dolor porque tu padre falleció hace cinco años y no está presente. Puedes sentirte abrumado y nervioso con relación a tu trabajo y a la vez disfrutarlo. Puedes sentirte irritado por la fase de la primera infancia en la que está tu hijo, a la vez que agradecerla e intentar saborearla al mismo tiempo.

Comprender que una parte de ti puede experimentar algo y otra puede, al mismo tiempo, experimentar otra cosa totalmente distinta, forma parte de lo que significa ser humano. Es parte de la capacidad que Dios nos dio, hechos a Su imagen, de atender muchas cosas a la vez.

Así que, mientras examinamos las Cuatro Grandes, haz un esfuerzo por percibir y decir dónde está presente cada una de ellas en tu vida ahora mismo o cuándo aparece con más frecuencia. Puntos extra si puedes encontrar una palabra específica para describir con más precisión cómo se manifiesta en cada caso.

ALEGRÍA SATISFACCIÓN DIVERSIÓN PAZ CONFORT REGOCIJO DELEITE EXCITACIÓN

Comencemos aquí. Porque todos queremos alegría, ¿correcto? La felicidad es una adicción en nuestra cultura; la anhelamos. Tal vez seas una persona alegre por naturaleza. O tal vez hace tiempo que no te sientes verdaderamente feliz.

¿Cuándo fue la última vez que te sentiste extasiado, entusiasta, feliz de verdad?

El asunto con la alegría es que nunca le prestas atención o la aprecias, a menos que aprendas a sentir tristeza, miedo y rabia, también.

Hace poco vi el escáner de un cerebro iluminado de gozo. La siguiente imagen mostraba el cerebro iluminado por el miedo. Aunque las emociones se identificaban con colores completamente distintos, estaba claro que aparecían en regiones similares. **No puedes apagar las partes de tu cerebro que sienten tristeza e ira, sin apagar también la habilidad de sentir alegría.**

Algunos de nosotros disfrutamos de esos momentos y los absorbemos, plenamente presentes. Pero hay épocas en que se enfrentan trances tan difíciles —la pérdida de un cónyuge o de los padres, una enfermedad o un hijo incontrolable— que no recuerdas la última vez que sentiste alegría, la última vez que reíste. Lo digo una vez más, me gustaría que estuviéramos haciendo esto alrededor de un café y poder escuchar exactamente dónde te encuentras en este momento y tomarte las manos y llorar o reír juntos.

La alegría puede ser complicada. A veces nos sentimos culpables si no estamos alegres, como si fuera el estado absolutamente requerido para la gente de fe y, otras veces, nos sentimos culpables de sentirnos felices, por una miríada de razones, no siendo la menor que al enemigo le encanta hurtar, eliminar y destruir la alegría. Hubo momentos en los que estuve en una temporada de celebración, difícil de disfrutar mientras tantos otros están sufriendo. Ser feliz se siente como una traición hacia ellos, ¿sabes?

Es por eso por lo que este proceso es tan importante. El noventa y nueve coma nueve por ciento de cuanto sentimos y de todas las formas en que las emociones nos afectan a nosotros y a nuestros seres queridos, es involuntario e inadvertido. Nunca procesamos ese matiz de culpa que sentimos por ser felices y así las dos cosas se entrelazan gradualmente hasta tal punto, que la culpa nos roba la alegría cada vez que se nos presenta.

Pero Cristo vino para que tuviéramos vida abundante en Él.[44] Se alegró por los niños, por las comidas con los amigos, por la fe de la gente, por la sanación de las personas, por el vino en una boda. Dijo a sus discípulos: "Les he dicho esto para que tengan mi alegría y así su alegría sea completa."[45] Llenos de alegría. La alegría es un fruto del Espíritu y es un don de Dios. Reflejamos su imagen cuando sentimos alegría.

¿Qué cambiaría en tu día si empezaras a Percibir las cosas que te hacen feliz y las añadieras a tu vida?

IRA IRRITADO FRUSTRADO AMARGADO **ODIO INDIGNACIÓN RABIA**

El mundo está lleno de injusticia. El abuso y la negligencia justifican nuestra ira. Dios está enojado con el pecado. Tenemos una ira justa dentro de nosotros que clama contra la injusticia y hay momentos específicos en los que necesitamos levantarnos en defensa de las prioridades bíblicas. El Espíritu Santo nos guía en cómo responder a la injusticia grande y pequeña mientras nos apoyamos en Él. Hay un tiempo y un lugar para la acción y un tiempo y un lugar para buscar la reconciliación.

Dios no nos dice que nunca nos enojemos. Lo que Dios nos pide es que no nos apresuremos en enojarnos, porque sabe que nos ofendemos con facilidad.[46] Y al hacer esto vivimos como Dios, a quien la Biblia describe como: "un Dios compasivo y misericordioso, lento para la ira y grande en amor y fidelidad."[47]

También nos llama a no pecar en nuestra ira,[48] y eso es lo más difícil. Vivimos en una sociedad indignada en la que todo el mundo se ofende todo el tiempo. Pero eso no hace que la ira sea maligna. Lo que hacemos con nuestra ira es lo que determina si algo bueno se convierte en algo malo.

Dios hizo nuestro sistema nervioso con una reacción de lucha o huida. Así que cada ser humano tiene una capacidad incorporada de reaccionar ante las circunstancias. En nuestro mundo, empero, nos entrenaron desde temprana edad a considerar que esas reacciones son peligrosas y dañinas.

Cuando tu adrenalina empieza a descargarse y quieres maldecir porque un auto se detiene sin avisar delante de ti, o cuando el caos de poner a toda tu familia en la puerta para salir de casa para ir a algún sitio te hace querer sacarte los ojos, o que tu corazón se acelere mientras caminas sola por un estacionamiento desierto, todo eso es porque Dios dispuso un sistema en nuestro cuerpo que nos permite reaccionar ante cualquier peligro o circunstancia incómoda que tengas que enfrentar.

Por eso no sirve de nada juzgar nuestras reacciones. Lo que ayuda es entender y aceptar que nos vamos a disgustar. Vamos a reaccionar al mundo que nos rodea. Pero percibir y poner en palabras nuestra ira, es esencial para escoger lo que vamos a hacer con ella.

Pondré un ejemplo:

Te enojas.

Odias esa sensación.

No sabes qué hacer con ella.

La ignoras, pero no puedes.

¿Y ahora qué?

Bueno, si no es una situación que puedas controlar, tal vez la reprimas. Te tragas la rabia. O gritas para que desaparezca.

Pero en vez de eso recuerdas que Dios dice: "Si se enojan, no pequen."[49] Caramba. Esto hace que nuestra respuesta a la ira sea más complicada. ¿Qué vamos a hacer con ella?

Ahora recuerda, nuestros sentimientos están destinados a llevarnos a la conexión con Dios y con otras personas. Y con frecuencia la ira surge en nosotros porque nos sentimos incomprendidos. A menudo no es un problema con otra persona; es un problema dentro de uno. Somos incomprendidos. Estamos perdidos. Estamos enojados porque alguien no fue castigado por algo malo que nos hizo a nosotros o a alguien a quien queremos.

Pero imaginen que permitimos que nuestra ira nos lleve a Dios en vez de al pecado, a reñir con nuestros allegados o con la persona en la cola de la caja.

Dios, esto se siente injusto. ¿Por qué no lo arreglas? Tú puedes arreglarlo y no lo haces. Y no sé qué hacer con esta rabia que siento. ¿Me ayudarás y me mostrarás lo que quieres que sepa y lo que quieres que haga?

Y entonces, escuchas y esperas.

Acaban de pasar tres cosas:

1. Meditaste y respiraste con calma, que según nos dice la ciencia es lo mejor que podamos hacer en un momento de rabia.

2. Transferiste la autoridad sobre la situación de ti mismo a Dios.

3. En una situación imposible, invitaste al Espíritu Santo a mostrarte Su poder y le diste espacio para obrar.

¿Cuándo fue la última vez que nos sentimos frustrados con alguien? ¿Cuándo fue la última vez que perdimos completamente los estribos?

TRISTE DESILUSIONADO MELANCÓLICO SOLITARIO DESAMPARADO DESESPERADO DOLOR ANGUSTIA

La tristeza es otro de esos sentimiento que tiene mala fama. **Demasiados de nosotros nos hemos hecho a la idea de que si no estamos continuamente exudando alegría, no encarnamos bien nuestra fe.** Pero la tristeza aparece mucho en la Biblia, donde a menudo se llama lamento y la vemos expresada por todo tipo de personas en el contexto de perseguir fielmente el corazón de Dios. Los profetas se lamentan, el pueblo de Dios se lamenta, aun Jesús se lamenta en el Huerto de Getsemaní, como veremos. Y Salmo tras Salmo, el meollo de nuestra Biblia está lleno de lamentos.

¿Pero le tenemos miedo? Pienso en mi amiga de la India que perdió a su madre y se sintió tan confundida porque los estadounidenses simplemente le dejaron un guisado y le desearon que se sintiera mejor pronto. Estamos en contra del lamento. Y nos sale caro.[50]

¿Quieres saber por qué todo el mundo está irritable, de mal humor y molesto por todo?

Porque no sabemos lamentarnos. En lugar de afligirnos por las cosas difíciles que suceden a nuestro alrededor cada día, pasamos de largo e intentamos no prestarles demasiada atención. Eso puede ser sensato ante el aluvión de noticias que, de otro modo, podrían engullirnos. Pero no es sabio meter bajo la alfombra la realidad del dolor en nuestras propias vidas el cual es ineludible e inevitable.

Permítanme bajar un poco la presión: no hay una forma correcta de estar triste, simplemente estás triste. No hay una forma correcta de pasar por un trauma, es simplemente horrible.

Como ya dije antes, me encantan las emociones desordenadas y salvajes de David. El tipo baila desnudo en las calles para alabar a Dios y se viste de saco y ceniza para arrepentirse. Hoy lo llamaríamos un desastre emocional, pero Dios lo llamó un hombre conforme a su corazón. Se lamentaba mucho. Se sentía seguro por lo que escribió en el Salmo 103: "Como el padre se compadece de los hijos, Se compadece Jehová de los que le temen. Porque él conoce nuestra condición; Se acuerda de que somos polvo."[51] Es la imagen de un padre con su hijo: clemente, porque es un desastre; compasivo porque está muy preocupado por serlo. Y contento de que viniera a él con todo eso.

¿Cuándo fue la última vez que lloraste? ¿Cuándo fue la última vez que rechazaste la tristeza? ¿Qué desencadena tu tristeza con más frecuencia?

MIEDO DESASOSIEGO DUDA NERVIOS PREOCUPACIÓN TEMOR PÁNICO TERROR

El miedo tiene la misión de mantenernos a salvo. Unas veces nos dice que hay un peligro inminente y otras nos asusta con un futuro desconocido, robándonos el sueño. Lo satanizamos muy rápidamente. Pienso en todo el tiempo en que malinterpreté aquel "no temas" a lo largo de la Biblia. Escuché cientos de sermones diciéndonos lo mucho que Dios no quiere que temamos, como si fuera una orden en lugar de una invitación.

Voy a poner muchos de esos pasajes aquí y quiero que los leas de otra manera. Quiero que imagines a un padre amoroso y seguro hablándole a Su hijo que se ha puesto como loco, llorando y temeroso.

- "Así que no temas, porque yo estoy contigo; no te angusties, porque yo soy tu Dios."

- "Te fortaleceré y te ayudaré; te sostendré con la diestra de mi justicia."
- "No tengas temor delante de ellos, que yo estoy contigo para librarte."
- "¡Cálmense! Soy yo. No tengan miedo."
- "Así que no tengan miedo, tú vales más que muchos gorriones."
- "No tengan miedo, mi pequeño rebaño, porque es la buena voluntad del Padre darles el reino."
- "La paz les dejo; mi paz les doy. Yo no se la doy a ustedes como la da el mundo. No se angustien ni se acobarden."[52]

Pequeños pasos hacia la libertad: Una historia personal

Como pastora, había disertado sobre la ansiedad innumerables veces. Hasta que experimenté la ansiedad en carne propia.

Mirando hacia atrás, me doy cuenta de que antes sólo había estado hablando de la preocupación. La ansiedad era diferente. Mayor. Temible. Pensaba que no la podría superar. Sentía que se había lanzado sobre mí y me estaba hundiendo en un pozo de depresión. Sentía que había reducido mis fuerzas a la mitad o a la cuarta parte y que no iba a poder arrastrarme fuera de ese lugar oscuro. Hasta había afectado a la forma en que latía mi corazón.

Mi cardiólogo me remitió a un terapeuta. Mi comunidad se reunió a mi alrededor en oración. Empecé a meditar y, dando pequeños pasos de obediencia, comencé a ver la luz al final del túnel.

"Encontré una relación más profunda y significativa con Jesús y una alegría arraigada en la bondad de Dios."

—Jonathan, cuarenta y dos años

En cada uno de estos casos algo temible era inminente y Dios estaba esencialmente diciendo: "Ojos en mí." Su mandato pretendía reconfortarnos. Conocer los hechos a menudo alivia nuestros temores. Dios quiere que sepamos que, de hecho, no es necesario tener miedo. Él está con nosotros y para nosotros.

Pero Él no nos regaña cuando tememos, como un padre decepcionado. De lo contrario, tendríamos miedo de tener miedo. No, Él nos consuela con la verdad. **El miedo es nuestro recordatorio constante de que necesitamos a Dios y de que Él está allí. Él está con nosotros en los valles.**

Como toda emoción, el miedo puede confundir y convertirse en un reducto, pero es más probable que eso pase si no lo reconoces, le pones nombre y lo compartes con los otros.

¿Cuándo fue la última vez que recuerdas haberte sentido preocupado o asustado? ¿Cómo te imaginas que Dios te vio en ese momento?

INTENTÉMOSLO

Permíteme presentar un concepto que probablemente no hayas oído mencionar: granularidad emocional.[53] ¿No es un término genial?

La granularidad emocional es la habilidad de describir tu estado emocional utilizando palabras y frases matizadas en lugar de genéricas.

Esto es lo fascinante de la granularidad emocional: Los expertos en sentimientos han demostrado que existe una conexión directamente proporcional entre la granularidad emocional de una persona y su salud mental, su salud física y su salud relacional. "Mientras más específicamente seas capaz de describir lo que te pasa, más flexibilidad tendrás ante esa emoción. Ganar en especificidad se ha relacionado incluso con una disminución de las citas médicas y la medicación y un mejor funcionamiento social y emocional."[54]

Es interesante, ¿verdad?

Eso significa que a medida que ampliemos nuestro vocabulario para expresar nuestros sentimientos, también empezará a expandirse nuestra salud en tres aspectos clave de la vida. Las palabras adicionales que aparecen junto a cada una de las Cuatro Grandes pueden servir de puntos de referencia útiles cuando empieces a practicar esto.

¿Listo para jugar?

Aquí vamos.

¿Cuál es el mayor reto al que te enfrentas en este momento y qué emociones van unidas a él?

Tal vez tú y tu cónyuge tienen dificultades en su matrimonio y estás perdiendo la esperanza.

Tal vez el dinero está más ajustado que nunca y la desesperación se está apoderando de ti.

Puede que lleves años deseando tener un bebé, pero la cuna sigue vacía. Frustración por sentirte abandonado por Dios, celos por los anuncios de embarazo de los amigos, vergüenza por un cuerpo que parece haberte fallado; ¿qué emoción no estás sintiendo?

Necesitamos palabras para entender mejor las cosas.

Con más palabras, las cosas tienen mucho más sentido.

Pero va a hacer falta algo de práctica para que nombrar nuestros sentimientos se convierta en un hábito más fuerte que el de evadirlos. De modo que si quieres comprometerte de forma más auténtica con lo que sientes, comienza por aquí: durante el día de hoy, quiero que hagas de vez en cuando una pausa para preguntarte cómo te sientes.

Ahora mismo. ¿Cómo te sientes? Repasa las emociones enumeradas en las páginas anteriores y elige la palabra más específica que puedas.

Si no te gusta hablar contigo mismo en voz alta, puedes limitarte a pensarlo. Pero quiero que pienses o digas una frase completa sobre cómo te sientes en distintos momentos del día. Pon un recordatorio en el móvil si es necesario.

Podrías decirte a ti mismo: "Me siento esperanzado en esta relación." O tal vez: "Me siento animado con mis progresos hasta ahora." O: "Me siento entusiasmado con esta asignación." O: "No estoy enojado; sólo siento curiosidad."

Tal vez te sientas sombrío o alegre, o agradecido por algo sencillo de tu día. Quizás te sientas irritado o exasperado; luchador o extasiado, o tranquilo.

Esfuérzate por ir más allá de decirte a ti mismo algo benigno, como: "Me siento bien." "Estoy *okay*." "Estoy bien."

LA FORMA EN QUE DEBE FUNCIONAR

Anoche vino mi yerno Charlie junto con mi hija Kate. Hablábamos de este libro y me enseñó la aplicación que usa varias veces al día: Cómo nos sentimos. Tres veces al día, él, Kate, y muchos de sus amigos se ponen a ver cómo se sienten.

El primer campo para rellenar equivale generalmente a: "¿Se siente bien?". Luego la persona tiene que nombrar la emoción específica con la que más se identifica. Luego: "¿Están listos para esto?". La respuesta se comparte con las demás personas que están en la aplicación. ¡Ja!

Nos contaron que hace poco la aplicación le avisó a mi hija que una de sus amigas tenía "pánico". Kate llamó inmediatamente a su amiga: "¿Estás bien?". La amiga empezó a llorar y le contó a Kate la dificultad por la que estaba pasando.

Entonces la amiga preguntó: "¿Cómo lo supiste?".

Se había olvidado de la función de alerta. Pero, como contaremos más adelante, esa simple aplicación funcionó como es debido, atrayendo a la gente cercana a nuestra verdad interior. Es lo que ansiamos.

Y es lo que nos perdemos si nunca mencionamos lo que nos está pasando realmente.

10

DENSE ALGO DE ESPACIO

PERCIBIR

NOMBRAR

SENTIR

COMPARTIR

ELEGIR

En un libro sobre sentir nuestros sentimientos, podría decirse que este capítulo es el más importante de todos. Les prestamos atención a nuestros sentimientos. Les hemos puesto nombre. Y ahora, por fin, los sentimos.

Les podrá parecer gracioso que tengamos que incluir este paso (preparados, listos, ¡a sentir!), pero si eres un "arreglador" en recuperación como yo, enseguida te darás cuenta de las ventajas de verte obligado a "sentir".

Antes de lanzarnos, quiero hacer una advertencia. Bueno, no es exactamente una advertencia. Es más bien una consideración. Es posible que lleguen a esta fase de nuestro proceso de conexión a través de nuestras emociones y se den cuenta de que no están preparados para sentir los sentimientos que sienten. Sí, les prestaste atención y aun les has puesto nombre. Pero puede que, por un montón de razones, no te convenga "sentir".

Estás, pongamos, entregando un proyecto de trabajo que tiene fecha límite y simplemente no estás en condiciones de lidiar con los sentimientos.

Puedes estar recuperándote de un trauma y te preocupa que profundizar en tus verdaderos sentimientos te haga retroceder en lugar de avanzar.

Puedes enfrentarte a una nueva serie de circunstancias imprevistas e indeseables y "sentir de verdad" podría volatilizar la última pizca de energía que posees.

Sea cual sea el motivo, habrá momentos en los que "sentir de verdad" no sea lo adecuado. Todos tenemos períodos así y mi consejo es que cada vez que pases por uno de ellos dejes simplemente que el sentimiento pase de largo.

Cuando Zac cayó en su primer bajón emocional en 2014, recuerdo que imaginaba que estaba a la orilla del mar y veía olas de "sentimientos" estrellarse a mis pies. Les prestaba atención. Podía haberles puesto nombre si me lo hubieran pedido. Pero no podía saltar a esas olas y experimentar realmente lo que estaba sintiendo, por miedo de que me arrastraran por completo. Estaba en modo de supervivencia y no sólo por mí, sino por mi familia. Algún día tendría que enfrentarme a esas emociones. Pero ese algún día no era ese.

Puede que tengan que hacer lo mismo.

Si por alguna razón están en modo supervivencia, quédense firmemente plantados en la orilla. Contemplen cómo llegan las olas, una tras otra, tras otra. Préstenles atención. Reconózcanlas y nómbrenlas por lo que son. Sepan tan solo que no tienen que experimentarlas hasta que estén preparados. Presiento que sabrán intuitivamente cuándo es el momento.

UNA VEZ QUE ESTÁN PREPARADOS PARA SENTIR

Una vez hecha mi advertencia, hablemos de cómo sentir. Voy a guiarte con calma a través de una perspectiva sencilla sobre cómo sentir un sentimiento. Puede parecer extraño. Para sentir un sentimiento, ¿no basta, ya sabes…, sencillamente sentir?

Sí, sí, cómo no. Sigue creyendo.

Para algunas personas, no es tan fácil. Piénsenlo de esta manera: la mayoría de nosotros sabemos en nuestra cabeza la diferencia entre frío y calor, pero sentarse y sentir, absorber, disfrutar el calor de un día de verano es totalmente distinto de tan solo fijarse en que afuera hace sol y enunciarlo. Si está lloviendo, uno puede Percibirlo, o puede salir y dejar que la lluvia le empape la piel.

Este es nuestro intento de sentir la lluvia en la cara.

Tómense su tiempo. Lean con calma las partes siguientes; esto no es algo que se pueda hacer con prisa.

PARTE 1: PAUSA

Puede que esto sea lo más difícil que te pida que hagas. Aquí mismo. Ahora mismo.

En mis temporadas más difíciles de la vida, detenerme y prestar atención significaba exponerme a ahogarme en todo el asunto. Es posible que estés en un período en que el sentimiento al que necesitas darle cabida es el de la felicidad y la alegría, pero lo más probable es que la pausa que te pido que hagas signifique que, al cabo de apenas un minuto, empiecen a brotar unas lágrimas que han debido caer desde hace rato. A veces, basta con un minuto de silencio libre de todas nuestras distracciones típicas para sentir todo lo que necesitamos sentir.

El silencio puede parecer un amigo inoportuno. Las lágrimas, la rabia o enfrentarse al temor que uno se asusta de sentir pueden desde luego también sentirse como algo no bienvenido. Lo siento. Ojalá estuviera a tu lado. Te imagino ahora mismo sostenido por Dios en la pausa quieta con lo que se presente en el momento.

PARTE 2: DARSE PERMISO

Recuerdo el viaje en auto tras el funeral de mi bisabuela. Ni siquiera les di a mis padres la oportunidad de consolarme. Nunca me di la libertad de llorar lo suficientemente fuerte como para que me oyeran. Me avergonzaba tanto sentirme triste.

Pero si pudiera volver atrás y ver a esa niña de siete años llorar en el asiento trasero, la tomaría en mis brazos, la mecería y le diría:

"¡Sí! ¡Claro que lloras por la muerte! Claro que estás confundida y no sabes qué pensar de todo esto. Los adultos tampoco."

La abrazaría y haría que se sintiera segura para llorar ante la oscuridad y la confusión del mundo.

Ah, si pudiéramos volver atrás.

Pero ¿recuerdan? En realidad, sí podemos.

Eso estamos haciendo aquí. Estamos curando partes de nosotros que nunca han sanado.

Así que después de hacer una pausa y hundirse en el sentimiento que están sintiendo, dense permiso para sentirlo al máximo.

Solo sientan lo que sienten.

Acepten el sentimiento, exactamente tal cual es.

Y esa parte que se está pronunciando sobre por qué no deberían sentirse así, simplemente mándala a callar y siente de todas formas.

PARTE 3: MIRAR HACIA ATRÁS

Pausa. Dense permiso. Y ahora esto: miren hacia atrás.

Quiero que mires hacia atrás a los sentimientos que nombramos en el último capítulo y pienses en un momento reciente en el que sentiste una reacción fuerte, un momento en el que uno de esos sentimientos fue claro para ti. ¿Cuál fue el sentimiento que sentiste? ¿Cuándo recuerdas haber sentido esa sensación por primera vez? Puede que tuvieras seis años o puede que veinte.

Por ejemplo, mi hermana Katie me llamó hace poco desde un aeropuerto. Tenía el corazón acelerado y una sensación de miedo. Cuando analizamos juntas qué podía estar causando eso, la mayor parte de su vida parecía estar en orden y no había una razón realmente buena.

Sin embargo, me vinieron a la mente dos terribles momentos dramáticos de hace años, dos veces en su vida en las que ha tenido que lidiar con noticias impensables, de esas que no se pueden escribir en los libros porque son demasiado duras. ¿Y adivinen dónde estaba las dos veces que recibió esas noticias? Sola en un aeropuerto.

Así que, sí, aunque la semana pasada no ocurriera nada traumático en ese aeropuerto, su cuerpo y su mente siguen arrastrando esos sucesos y, por supuesto, estar sola en un aeropuerto le devuelve el miedo.

Seguimos hablando por teléfono y comentando lo loco que es que los sentimientos nos inunden sin previo aviso sólo porque nuestro cuerpo se encuentre en un lugar concreto. Ella sintió las olas y las pasó conmigo por teléfono.

Katie ha estado en terapia el tiempo suficiente para saber que el miedo no la iba a derribar. Ella podía ver claramente que el miedo era sólo un remanente de una realidad que verdaderamente, profundamente solía ser suya. Se le dieron herramientas para cambiar y crecer. Así, al echar la vista atrás y ver que la "ella" que una vez fue no es la "ella" que es hoy, pudo decirle a su miedo con toda sinceridad: "Oh, claro, eres tú otra vez. Entonces, vamos. Es hora de irnos."

Mejor que nadie que yo conozca, mi hermanita vive. Santiago 1, dice:

Hermanos míos, considérense muy dichosos cuando tengan que enfrentarse con diversas pruebas, pues ya saben que la prueba de su fe produce perseverancia. Y la perseverancia debe llevar a feliz término la obra, para que sean perfectos e íntegros sin que les falte nada.[55]

No se dejó abatir por sus sentimientos. Los sintió, se acercó a mí y, con la perspectiva de su pasado, pudo aceptar esos sentimientos mientras hacía lo que tenía que hacer y embarcaba en su vuelo.

PARTE 4: PERSEVERAR

Lo que Katie hizo fue aceptar el sentimiento y sus ramificaciones, sin reservas y sin hacer juicios sobre cómo debería comportarse ese sentimiento. En eso consiste la cuarta parte: perseverar en el sentimiento en lugar de luchar contra él. Dejarlo ser lo que ya es.

Ya lo sé. Eso va en contra de cualquier inclinación provocada por nuestro hábito de toda la vida de evasión emocional. Pero aunque nuestros patrones de represión, ocultación y control suelen tener su origen en el deseo de reducir el estrés, según el investigador y experto en adicciones Dr. Gabor Maté: "La expresión sana de la emoción es en sí misma reductora del estres."[56] En otras palabras, **si pudiéramos tan solo expresar nuestras emociones auténticas en lugar de buscar evitar esa expresión, podríamos sortear por completo la respuesta al estrés y seguir adelante con nuestras vidas.**

En una entrevista de *Psychology Today*, el Dr. Brett Ford, investigador de la Universidad de Toronto, observó:

Irónicamente, puede ser útil no intentar controlar nuestras emociones. Si simplemente aceptamos nuestras experiencias emocionales y dejamos que sigan su curso natural, pueden terminar más rápidamente. Por eso la aceptación emocional puede ser una estrategia de regulación de las emociones especialmente poderosa: puede ayudarnos a sentirnos mejor, en parte porque no perpetuamos nuestras emociones negativas. El objetivo no debería ser deshacerse de todas las emociones o reprimirlas. Se trata de intentar tenerlas en el grado y el contexto adecuados y recuperarse más rápidamente después.[57]

LA FE Y LOS SENTIMIENTOS NO SE EXCLUYEN MUTUAMENTE

Hablé antes de las batallas emocionales a las que se enfrentó mi marido. ¿Una de las tácticas que el enemigo utilizó contra él? Convirtió la "tristeza" en "vergüenza".

Cuando Zac tuvo su primer ataque de depresión, la primera mentira contra la que tuvo que luchar fue preguntarse qué pecado había cometido para caer en ese lugar. Ciertamente, el pecado puede llevarte a la depresión y a la ansiedad y a todo tipo de sentimientos negativos, pero a menudo no es el caso. Cuando escudriñó su vida, no encontró ningún pecado evidente, excepto el de servir en exceso y negarse a descansar. Pero qué rápido pensamos que si estamos pasando por dificultades debe ser culpa nuestra. Y si ese es el caso, entonces los sentimientos que acompañan a los períodos difíciles, como la tristeza, el temor o la ira, se sienten más como juicios que como dones.

Zac encontró un pequeño libro que estuvo junto a su cama durante un año. Se titulaba *Christians Get Depressed Too* [Los cristianos también se deprimen]. Necesitaba saberlo porque él no lo sabía.

Tal vez te sientas culpable porque te sientes triste muy a menudo. Tal vez te sientas culpable porque te sientes feliz muy a menudo y tus amigos, no. Sin duda alguna, somos buenos para sentir una emoción: ¡la culpa!

Por lo visto, no nos basta con confundirnos con nuestros sentimientos. Tenemos que añadir otro conflicto a la mezcla: la voz del juicio que nos dice que "no deberíamos sentirnos así."

Como ya he señalado, durante la mayor parte de mi vida el control ha sido mi táctica para lidiar con las emociones incómodas, en parte porque creía que, como buena cristiana, no debía sentir esas emociones. Pensaba que si creía que Dios era suficiente, entonces no temería, no estaría enojada, no estaría preocupada. Parte de eso es verdad. Cuanto más creemos en Dios, en lo bueno que es, en lo real que es, en lo capaz y poderoso que es, menos nos preocupamos, más confiamos en Él y menos vueltas damos. Pero nuestro intercambio con él no es una especie de juego cruel en el que yo le pago con una fe de dientes-apretados-sin emociones y él me corresponde con sentimientos apacibles y llevaderos.

Puedes sentir todos tus sentimientos y no pecar. Y puedes sentir todos tus sentimientos y pecar. En el capítulo 12, hablaremos de las opciones que tenemos para lidiar con nuestras emociones y de la distinción entre nuestras luchas y nuestro pecado. Pero sentir nuestros sentimientos no es pecado. Y si en este libro es la primera vez que oyes eso, lo lamento.

Habiendo estudiado la vida emocional de Dios Padre, Hijo y Espíritu Santo, estoy bastante molesta porque me hayan enseñado durante la mayor parte de mi vida que sentir sentimientos difíciles indicaba una falta de fe. Porque Dios siente profundamente y con frecuencia, como vimos en el capítulo 4. Vale la pena repetir que Dios mismo expresa emociones. Se pone bravo y se decepciona, e incluso tiene miedo, como se evidencia con la angustia de Jesús en el Huerto de Getsemaní. Y desde luego, Él siente todo eso sin pecado. Entonces ¿por qué nadie me había enseñado a sentir? Si Dios creó esos sentimientos y parecían ser importantes para gran parte de la vida y de nuestras decisiones ¿por qué era una novedad para mí?

Confieso que, a pesar de todo el trabajo que le puse estos tres últimos años, aun a veces una parte de mí siente toda la confusión y otra, censura que yo sienta toda esa confusión. Esa parte de mí que censura es la que me desgasta. Dios no puso ese juicio en mí, lo puse yo en mí misma y, si acaso, el enemigo ayudó.

¿Esa parte de nosotros que juzga todo lo que sentimos? Creemos que es Dios. Pero es la vergüenza. Y la vergüenza es una compañía agotadora.

Dios, por el contrario, es la compañía ideal, un acompañante que quiere cambiar nuestra vergüenza y agotamiento con Su deleite y fuerza. Él busca una relación contigo y conmigo. A pesar de lo que te hayan enseñado, nuestras emociones no son síntomas de pecado o de falta de fe. Nuestras emociones están destinadas a hacer crecer nuestra fe, a llevarnos a una relación más profunda con Aquel que nos hizo y creó todas estas emociones.

Para aclarar nuestra confusa masa de emociones tenemos que dejar de ver los sentimientos como inútiles o aun pecaminosos, para poder aprender a administrarlos bien. Quiero que pasemos de juzgar lo que sentimos a simplemente sentirlo. **Desperdiciamos mucha energía escudriñando nuestros**

Fe de todo corazón: Una historia personal

¡Dios nunca termina contigo! Nunca entendí esto hasta que vi lo que Él ha hecho en mi vida en los últimos tres años.

Una vez que dejé de tratar de relacionarme con Dios sólo con mi cabeza y comencé a inclinarme hacia esta cosa llamada "corazón", me encontré creciendo mucho más profundamente en mi caminar con Jesús. La ironía es que una vez que me incliné hacia el Espíritu y empecé a amar a Dios con todo mi ser, no sólo con mi cabeza —una vez que empecé a comprometer mi corazón y mis emociones— empecé a experimentar un compromiso más rico también en mi vida de pensamiento. Ya no soy la misma persona de hace unos años.

¿Qué tan terrible sería si nos quedáramos igual y nunca creciéramos?

Es un hecho asombroso que Dios te ame tanto que se preocupe lo suficiente como para querer ayudarte a convertirte en una persona diferente y más sana emocionalmente. Él no es una figura cósmica distante que puso las cosas en movimiento para tu vida y luego se fue. Siempre estamos siendo moldeados en lo que Él quiere que seamos y nunca está "hecho".

—BJ, cincuenta años

sentimientos en lugar de simplemente sentir lo que necesitamos sentir. Podemos cambiar, lo prometo, pero llevará tiempo y propósito.

CÓMO EMPEZAR A SANAR

Hagan una pausa.

Dense permiso.

Miren hacia atrás.

Perseveren.

Así sentimos nuestros sentimientos en forma eficaz y vivificante. Así empezamos a sanar las versiones anteriores de nosotros mismos que están por fin dispuestas a crecer.

Poco después de empezar a trabajar en este proceso, recuerdo que llamé a mi terapeuta y le dije:

—Estoy haciendo el trabajo. Estoy sintiendo los sentimientos. De verdad, estarías muy orgulloso. Pero estoy notando que los mismos sentimientos necios siguen saliendo a la superficie, una y otra vez. ¿Hay alguna esperanza para mí?

En algún momento me hice a la idea de que si hacía un buen trabajo sintiendo determinado sentimiento, el sentimiento siguiente sería más deseable de sentir.

Podrán imaginar mi decepción cuando caí en la cuenta de que no era así.

—Jennie, —dijo el Dr. C con su tono siempre afectuoso, —¿cuánto tiempo has tardado en llegar aquí?—.

Con "aquí" se refería a "este estado emocional en el que te encuentras".

—Unos cuarenta años, —dije, sabiendo exactamente a dónde quería llegar.

—Sí, dijo. —Tardarás un minuto en salir de ahí.

Si aún te sientes ansioso, abatido, melancólico o temeroso, recuerda que el progreso toma tiempo. Pero llegaremos. Con el tiempo nos parecerá natural sentir lo que sentimos y seguir adelante confiados.

Mientras tanto, cuando veas que aparece una versión anterior de ti, la versión de la que se apagó a los diez años, la versión de la que fue dejada de lado a los doce, la versión traumatizada a los quince, la versión insegura a los veintiuno, aprende de mi brillante hermana Katie y solo invita a esa parte de ti a entrar.

Yo te veo.

Y quiero que sepas que eres bienvenida.

Sin movimientos bruscos. Sin juicios precipitados. Compasión.

11

NO ESTÁN SOLOS EN ESTO

PERCIBIR

NOMBRAR

SENTIR

COMPARTIR

ELEGIR

Cuando supe que quería escribir un libro sobre los sentimientos y las emociones, hice lo que siempre hago cuando estoy a punto de lanzar un nuevo proyecto: reuní a algunas de las personas más inteligentes que conozco en una sala de reuniones de Dallas y les pedí que opinaran sobre el tema. Algunas de las personas de la sala eran de IF, personas que forman parte de mi vida cotidiana. Y algunas eran de fuera de ese círculo, personas a las que respeto e invito a nuestro círculo tan a menudo como puedo.

Uno de los hombres que se unió a nosotros había sufrido recientemente graves pérdidas en la vida como consecuencia de hacer algunas cosas inmorales. Había perdido su trabajo, su ministerio, su limpia reputación y casi pierde a su familia. Estaba abiertamente arrepentido y como durante años fue un amigo de confianza y un compañero productivo, le invité a venir.

Al principio de la reunión, cada uno se presentó al resto de los presentes y mi amigo contó lo que estaba pasando en su vida. Entonces mi amiga y compañera de equipo Chloe lo miró y delante de todo el grupo dijo:

—Vaya, sólo quiero decirte que me alegro mucho de que hayas decidido venir.

Continuó, pero en cuanto hubo una pausa natural, le dije:

—En realidad, Chloe, dado lo que vamos a hablar de este nuevo proyecto, ¿estarías dispuesta a decir qué sientes con que él esté aquí?

A Chloe se le saltaron las lágrimas.

Este hombre al que aprecio profundamente lloró.

Todos en la sala soltamos las lágrimas, porque todos sospechábamos que lo que fuera a salir de la boca de Chloe representaba exactamente lo que sentíamos.

Entonces miró directamente a este hombre a los ojos y dijo:

—Me siento orgullosa de que hayas decidido venir, de que hayas decidido compartir todo eso con nosotros.

Esa frase, ese sentimiento, cambió el tenor de todo el día. En ese momento, las palabras de Chloe tocaron algo profundo dentro de nuestro amigo, que entonces lo liberó para participar plenamente.

POR DÓNDE EMPEZAR

El otro día bromeaba con un amigo sobre cómo en los últimos meses sentía que me habían vuelto a meter en una clase de jardín de infancia sobre emociones. Casi todos los días digo cosas equivocadas, me guío por los pensamientos en lugar de por los sentimientos y meto la pata hasta el fondo. Pero cada vez lo hago mejor. O, al menos, ahora cuando meto la pata lo sé.

Cuento todo esto porque quiero recordar que no hay que avergonzarse por empezar algo nuevo. Piensen en la última vez que probaron un nuevo deporte, o empezaron una nueva afición, o aprendieron a hablar un nuevo idioma. Al principio cuesta, ¿verdad? ¿Alguna vez han visitado un país en el que nunca habían estado y se preguntaron cómo iban a entender el transporte público? Tardan un minuto, así que se dan un minuto.

Lo mismo ocurre en este caso.

Cuando estemos aprendiendo a expresarle a otra persona cómo nos sentimos, vamos a tropezar y a caernos. Vamos a etiquetar mal nuestros sentimientos de vez en cuando. Vamos a pisar en falso de vez en cuando. Está bien. Mejorarán a medida que avancen.

En primer lugar, asegúrense de confiar sus sentimientos a alguien de confianza. Tal vez mencionen que están leyendo este libro y que puede ser un poco incómodo mientras aprendes. Mi marido se ríe porque, mientras trabajo en este proyecto, le he estado contando cada pequeño sentimiento que siento, incluso los estúpidos. Ha tenido que abstenerse de juzgarme, sabiendo que me estoy centrando en una práctica más sana de compartirlos.

Hoy me dijo:

"¡He tenido que dejar de reaccionar a todo ello y escuchar, y consolar, sin asustarme de que sientas todas esas cosas!".

Es buena idea ver esto como una temporada de construcción de una relación más sana con sus emociones y no como un lugar de llegada en el que para siempre diremos cualquier estado de ánimo o sentimiento insignificante que nos pase por la cabeza.

De momento, esto es lo que quiero que hagan: después de percibir, nombrar y sentir un sentimiento en relación con una situación a la que se enfrentan, quiero que abran la boca en presencia de alguien que conozcan y, preferiblemente, que les caiga bien y practiquen diciendo unas sencillas palabras:

Me siento _____ (e insertar ahí una emoción).

Eso es todo.

Me siento... *feliz.*

Me siento... *abrumado.*

Me siento... *agradecido.*

Me siento... *preocupado.*

Me siento... *confundido.*

Me siento... *desilusionado.*

Me siento... *abandonado.*

Han estado practicando esta idea para sus adentros; ahora, abran la boca y muevan los labios. No siempre acertarán, sobre todo al principio, pero acertar ni siquiera es lo importante. Por ahora basta con que se acostumbren a oírse decir:

Me siento...

Sé lo que están pensando: "¿De qué sirve esto? No cambia nada. Mis problemas siguen siendo mis problemas y tengo que afrontarlos independientemente de cómo me sienta yo o cualquier otra persona al respecto."

Una cosa es tener que sentir todos tus sentimientos y otra muy distinta es tener que compartirlos con la gente. Lo entiendo. Es un asco. Me siento así cada vez que estoy a punto de hacerlo. Pero nunca me siento así después de hacerlo. Siempre estoy agradecida de haber compartido.

Ser realmente atendido, consolado, estar seguro y no atravesar solo el dolor lo cura a uno de formas que resultan increíbles a menos que las hayamos experimentado.

A los que nos han enseñado que no debemos cargar a los demás con nuestros problemas, nos puede ayudar recordar que

Dios no sólo nos anima a compartir nuestras dificultades con los demás, sino que nos lo ordena. Gálatas 6:2 dice:

Ayúdense unos a otros a llevar sus cargas y así cumplirán la ley de Cristo.

¿Cumplir la ley de Cristo? Suena intenso. Suena importante. Suena necesario. Pero no podemos cargar lo que otros no cargan también y lo contrario también es cierto.

¿Alguna vez han estado sentados frente a alguien que llora y asiente cuando compartes las cosas difíciles de tu vida? Su respuesta te hace llorar y te libera de cargas que ni siquiera sabías que llevabas.

EL CONSUELO DE UNA CARGA COMPARTIDA

Cuando Jesús dice:

Porque mi yugo es fácil y mi carga es liviana,[58] no está diciendo que la vida vaya a ser llevadera.

En otros pasajes dice que hay problemas en este mundo y nos llama a recoger nuestras cruces. La carga es liviana porque Él está con nosotros y Su presencia, consuelo y amistad hacen la vida más fácil y dulce. Él hace que el sufrimiento sea más llevadero porque nunca nos abandona y Él lo cargará con nosotros.

Uno de los momentos más emotivos de la vida de Jesús fue tras la muerte de su buen amigo Lázaro. Días después de la muerte de su amigo, Jesús llega a la casa que Lázaro compartía con sus dos hermanas, también buenas amigas de Jesús. Marta está brava y se lo hace saber: "¡Señor, si hubieras estado aquí, mi hermano no habría muerto!".

¿Cuántas veces nos hemos enfadado con Dios, pero nos ha dado miedo decirlo? Jesús no la avergonzó. La consoló y le dio una esperanza mayor que una curación terrenal:

Yo soy la resurrección y la vida. El que cree en mí vivirá, aunque muera; y todo el que vive y cree en mí no morirá jamás.[59]

Consuela a Marta con la esperanza que sólo Él puede dar. Luego se acerca a María, la otra hermana de Lázaro y ella cae a sus pies, llorando. La Escritura dice que Jesús se turbó y se conmovió profundamente por el llanto de María y que lloró con ella. Se trata del único ser que haya caminado sobre la faz de la tierra que tenía de verdad el poder de resolver el problema de la muerte, tanto en el momento como para la eternidad. Sin embargo, aquí no aparece Jesús el Arreglador. El Jesús que aparece es Jesús el que Siente y llora con su amiga que llora.

¿Por qué?

Sabía que resucitaría a Lázaro de entre los muertos. Sabía que resolvería el problema temporal y eternamente para todos ellos. Y sin embargo, ante el enojo de Marta y el dolor de María, Jesús no las corrige. Las consuela.

En esta escena Él encarna el modelo de lo que significa vivir la instrucción de Pablo en Romanos:

Alégrense con los que están alegres; lloren con los que lloran.[60]

No sé si alguna vez han sentido un dolor como el de María. Si es así, lo saben.

No hay nada que decir.

No hay nada que hacer.

Uno sólo quiere que la gente a su alrededor sienta el dolor con uno. Llorar con los que lloran ayuda cuando nada más puede hacerlo y nada más lo hará. Y Jesús lo sabía.

COMPARTIR REALMENTE NOS CURA

Si no hubiera investigado científicamente este asunto, no creería que compartir el duelo con los que están de duelo en verdad nos ayuda y nos cura. Pero cuanto más aprendemos sobre cómo cambia el cerebro en respuesta a sucesos traumáticos, más vemos que lo contrario también es cierto: compartir nuestra historia en el ámbito de relaciones seguras y bien vinculadas puede sanar el cerebro.

Hoy mismo, alguien me envió un vídeo sobre algo que leí cientos de veces durante la investigación: vías neuronales que se reconectan después de haberse roto. Es algo real. Pueden buscarlo en Google y verlo por sí mismos. Un cerebro que hace nuevas conexiones donde un trauma cortó y dañó ciertas partes. Parecen una cuerditas esforzándose muy duro para volver a unirse entre sí. Cuando uno lo ve, piensa que nunca lo van a lograr. Nunca van a volver a conectarse. Nunca van a sanar.

Pero nuestros pequeños amigos neuronales, luchan por conseguir al otro y lo logran. Lloré cuando lo vi. Porque es por eso por lo que estoy escribiendo este libro. ¿De qué sirven un millón de sentimientos si no traen curación y plenitud? Traen sanación y plenitud conectándonos unos a otros. Y con Dios. Cuando compartimos nuestra tristeza, nuestro temor, nuestra preocupación con personas de confianza, que nos atienden y nos consuelan, sanamos. Una vez más, la ciencia me ha dicho esto cientos de veces y es difícil creer que de verdad pueda cambiar las cosas. Pero lo hace.

Ayer me senté con un grupo de amigas queridas mientras una de ellas lloraba y enumeraba una serie de circunstancias angustiosas de las que no puede escapar. He visto a esta amiga cargar con estas cosas durante varias semanas y sabía que su corazón podía estallar, pero simplemente no habíamos tenido tiempo para ventilarlo todo. Finalmente se desahogó con todas nosotras que la escuchamos pacientemente y en silencio, sin interrumpir.

Ahora, déjenme decirles que yo quería interrumpirla. Las palabras se me acumulaban en la garganta mientras ella hablaba, palabras que querían reorientar todo lo duro hacia algo esperanzador. Pero ahora sé que no es lo mejor. Nos sentamos a compartir con ella lo que le era insoportable y nadie arregló nada.

Claro que hay un momento y un lugar para las preguntas de revisión, la sugerencia de soluciones y las acciones que uno o la otra persona podrían emprender. Pero, por lo general, eso no es de hecho lo que la gente necesita. La mayoría de la gente conoce las respuestas correctas. No se trata de un problema de conocimiento. **El problema es que nos sentimos inseguros, no queridos y no atendidos. No avanzaremos hacia la curación hasta que se aborden esas heridas.**

Cuando volví a ver a esa amiga más tarde ese mismo día, le hice una pregunta sencilla:

—¿Te sientes mejor?

Soltó una risita por primera vez en semanas, sus hombros se relajaron y dijo:

—Sí, me siento mejor.

Su postura relajada y su risita confirmaron una vez más lo que tanto la Biblia como un millón de científicos nos han dicho: compartir nos pone en el camino de la curación.

SENTIR EN VOZ ALTA

Con todo esto en mente, te tengo un desafío: la próxima vez que estés en una conversación con alguien, en lugar de responder a una historia o a una actualización con algún tipo de declaración banal y entusiasta como: ¡¡Es genial!!" o, peor aún, con cualquier afirmación que empiece con la frase "Creo que…", fuercen los labios a formar la palabra: "Siento…".

Luego digan a la persona cómo se sienten. ¡Y ya está! Nada más.

Algunos ejemplos:

Una amiga llega corriendo a la cafetería quince minutos tarde, te saluda con un apretón de manos y luego te suelta toda una explicación sobre que la niñera no apareció y el vecino no tenía dinero y casi se queda sin gasolina y bla, bla, bla.

¿Qué le dices?

"Siento muchísimo que hayas tenido un comienzo de día tan alocado y me alegro de que ya estés aquí".

Tu hijo adolescente te cuenta un pleito con un amigo. En lugar de preguntarle qué hizo mal, díganle:

"Me siento agradecido de que tengas la confianza de contármelo y me siento triste de que haya sido tan doloroso para ti."

La estilista que te corta el pelo te confiesa que hace poco pescó a su pareja en una aventura. ¿Qué le dices?

"Me siento muy triste de que tengas que pasar por esto."

Tu marido te felicita sinceramente delante de toda una mesa de invitados a cenar. Más tarde, cuando estáis los dos solos, ¿qué dices?

"Tus palabras de esta noche me hacen sentir abrumada y amada. Gracias."

Permítanme decir de nuevo que, al pedirles que practiquen compartir sus sentimientos con la gente, no estoy sugiriendo que nunca sea apropiado compartir soluciones. Ideas. Explicaciones. Pensamientos. Lo que digo es que para compartir esas cosas no necesitamos practicar. **Ya somos expertos en compartir nuestros pensamientos. ¿Qué necesitamos practicar? Empezar por la emoción.**

Así que todo eso es el primer paso: empezar con "siento...".

Segundo paso: pidan una respuesta con "Yo siento...".

Leyeron bien. Además de responder a la gente con frases del tipo "yo siento", intenten solicitarlas de vez en cuando. La próxima vez que se enfrenten a un dilema de algún tipo —alguna situación molesta, alguna conversación que los hizo sentir frustrado o débil, alguna carga demasiado pesada para su espalda— acérquense a alguien en quien confían, ya sea un familiar, un amigo o su camarero favorito de la cafetería y díganle:

Conversaciones sinceras: Una historia personal

Crecí en el hogar de un adicto y experimentaba una volatilidad emocional diaria. Mi madre, mi hermana y yo intentábamos dar sentido a la disfunción cada una a su manera. ¿Mi forma de reprimirla? Absorber cualquier emoción que flotara a mi alrededor. Quizás absorbiéndola podría entenderla, quizás protegerme de ella o, en el mejor de los casos, ¡controlarla!

Me convertí en una profesional de la adaptación al estado emocional de la gente que me rodeaba hasta que mi cuerpo físicamente no pudo soportarlo. Empecé terapia a una edad temprana y continué de forma intermitente durante décadas. Pero cada pocos años mi cuerpo se derrumbaba, a menudo en forma de una ansiedad debilitante.

Finalmente, a los treinta y pocos años, profundicé más de lo que nunca había hecho para dejar que Dios descubriera por qué una parte de mí quería acurrucarse en el suelo de mi armario y quedarse allí para siempre. Gracias a una terapia intensiva, a la medicación y a conversaciones increíblemente sinceras con mis seres queridos, empecé a vivir de nuevo. ¡Es como si ahora la vida fuera a todo color!

"Oye, ¿puedo decirte algo y tú me dices qué sientes al respecto?".

Reconozco que la construcción es un poco artificiosa y tosca, pero es lo mejor que he podido hacer hasta ahora. Y se mantiene el meollo del asunto, que es invitar a alguien que uno conoce y aprecia a que exprese cómo le hace sentir algo que uno ha dicho.

Sé que piensan que lo que acaban de hacer —la solicitud— es la parte difícil, pero no lo es. La parte difícil viene ahora, cuando

Muchos días pienso:

"¿Puede acabar ya todo esto de escarbar en lo más profundo?".

Es un trabajo agotador decirle la verdad a Dios, a uno mismo y a los demás y luego esperar durante una pausa momentánea para saber si uno está a salvo y cómo responderá la persona que tiene enfrente. Pero en presencia de relaciones seguras, ahí es donde comenzó para mí la verdadera curación. Desaprender estos patrones de absorber emociones que no son mías, discernir lo que realmente siento y permitirme sentir mis propios sentimientos es una lucha diaria. Pero ahora que sé cómo es, no quiero volver atrás.

Creo y rezo para que este libro pueda ser un nuevo comienzo para ti también. Fuiste hecho distinto de los demás, amado por Dios y se te dio tu propio conjunto de experiencias y emociones. Presiona y siéntelas. Entonces, que Dios nos dé a ambos la fuerza para sentir plenamente, expresar nuestras emociones con valentía y continuar hacia el otro lado y aprender lo que Dios quiere que experimentemos.

—Chloé, treinta y dos años.

tienen que mantener a la persona en la vía de los "sentimientos" y no dejar que salten a la vía del "pensamiento".

Un ejemplo: Hace varias semanas, me presenté en uno de mis grupos pequeños para nuestra reunión semanal. Me apresuré a pasar la mano por algunos cuellos y luego me dirigí a mi asiento.

Como dije, el negocio de Zac, por el que había trabajado apasionadamente y durante tanto tiempo, se estaba desmoronando ante nuestros ojos, yo estaba lidiando con mi propia olla de presión en el trabajo, uno de nuestros hijos se estaba descarrilando y parecía destinado a estrellarse... Ya se hacen una idea. Tenía sentimientos que compartir.

Me encanta este grupo de personas. Están llenas de sabiduría y al mismo tiempo son humildes hasta la médula. Decimos la verdad juntos, nos pedimos cuentas unas a otras y rezamos. Pero a pesar de todos los beneficios que aportan a mi vida, no diría que son las amigas más expresivas emocionalmente que he tenido. (De hecho, nuestros maridos, que se reúnen semanalmente y se envían mensajes de texto a diario, son mucho más emotivos que este grupo de mujeres.)

Simplemente no tenemos por costumbre hablar de cosas sentimentales como las emociones. Pero yo tenía planes para sus vidas ese día, planes que implicaban sentir todos los sentimientos.

Intercambiamos cumplidos durante un rato y luego les pregunté si podía ponerles al día de lo que ocurría en casa de nosotros, los Allen y ver qué sentimientos despertaban en ellos. A lo largo del camino he aprendido que a veces hay que pedir explícitamente lo que se necesita, así que antes de dar mi pequeña perorata, dije:

—Escuchen, sé que ustedes son superinteligentes con cientos de años de experiencia vivida entre ustedes. Lo han visto todo y lo han hecho todo, pero no quiero saber lo que piensan de lo que les voy a decir. Quiero saber qué sienten.

Asintieron con indulgencia. Les conté con franqueza todas y cada una de las situaciones que había estado arrastrando en la mochila de mi alma, luego exhalé el aliento que había estado conteniendo todo el tiempo y miré alrededor de la habitación. Nadie había huido despavorido, buena señal. Pero también era verdad que nadie decía una palabra.

—Bueno, —dije ¿qué les parece?

Una mujer empezó a responder:

—Bueno, creo…

—Espera, espera, —la interrumpí. —No quería decir eso. Me refería a qué sientes.

Volvió a intentarlo.

—Bueno, veamos. Me… siento… orgullosa de ti.

Por reflejo, sonreí.

—Me siento orgullosa de que nos lo hayas contado —dijo. —Y de que atravieses una temporada tan difícil con Zac con gracia.

Otra habló:

—Me entristece que sea tan difícil para ustedes ahora.

Otra:

—Sí, estoy de acuerdo. Y añadiría que siento compasión por su situación. Ninguna de esas circunstancias es fácil de enfrentar y ustedes las están enfrentando juntos.

Se me saltaron las lágrimas. El habitual consejo rápido se había convertido en afecto y mi alma se sintió comprendida y reconfortada. Considerada. Calmada. A salvo.

Era como lo que había experimentado con el Dr. C durante aquella sesión de terapia individual, pero desde luego, el Dr. C iba a decir lo correcto. De lo que no estaba segura era de si la gente de verdad, la gente normal, la gente común y silvestre, también podía o quería decir lo correcto, no es algo que arreglar, sino algo que sentir. Lo que quería saber era si este asunto servía sin la presencia de profesionales.

Sí sirve.

RECUERDA EL OBJETIVO: CONECTAR

Hace unos meses, mi hijo Cooper tuvo un mal día. Lo conseguí llorando en el baño y cuando asomé la cabeza por la puerta y le pregunté:

—¿Qué pasa, hijo?

Me explicó entre sollozos que lo habían dejado fuera de una reunión con sus amigos.

Para mí estaba claro cómo se sentía, pero tengo que decir que me alegré mucho cuando me miró tan claro como el día y me dijo:

—Mamá, me siento triste.

—Claro que estás triste. Eso duele. Me siento triste contigo —le dije. Y triste me sentía. Claro que sí.

Y en algunas ocasiones, lo correcto habría sido simplemente dejar que ambos nos sintiéramos tristes. Pero la cosa es así: la resiliencia crece cuando percibimos, nombramos, sentimos y compartimos nuestros sentimientos y que, al hacerlo, nos enteramos de que nos tienen consideración, nos calman y nos dan confianza.

Cooper está en plena adolescencia y hay un dramas detrás de cada arbusto. El hecho era que ya lo habían dejado plantado antes, ya habíamos llorado estas mismas lágrimas antes.

Abracé a mi hijo, me aparté y le dije:

—Oye, ¿cómo te fue la otra vez cuando te dejaron plantado?

Sus ojos se movieron de un lado a otro y luego se iluminaron.

—Me *dejaron* fuera antes. No pasó nada. No me pasó nada—. Luego me miró. —Además, siempre los tengo a ustedes.

Sí, siempre nos tienes a nosotros. Quiero que mi hijo se sienta protegido cuando está triste y se sienta seguro cuando lo dejan plantado. Cuanto más experimente esa protección y a nosotros y a Jesús junto a él en todo ello, más sana estará su alma.

Las cosas duras en realidad nos están construyendo en lo que somos, como el apóstol Pablo sabía tan bien.

Nos gloriamos también en nuestros sufrimientos, porque sabemos que el sufrimiento produce perseverancia; la perseverancia, entereza de carácter; la entereza de carácter, esperanza. Y esta esperanza no nos defrauda, porque Dios ha derramado su amor en nuestro corazón por el Espíritu Santo que nos ha dado.[61]

La esperanza no nos defrauda porque tenemos esa soga de emociones que nos conecta, que tira de nosotros hacia los demás y hacia Dios. El don de sentir y movernos —juntos— en el pleno endemoniado medio de todo ello. Es de una belleza agónica. Los sentimientos no se curan cuando los ignoramos; se curan cuando, en medio de ellos, estamos abrazados por las personas que amamos.

La resiliencia, la madurez, la conexión, el carácter y la esperanza crecían ante mis ojos en el suelo de un baño estando tristes... juntos.

12

QUÉ HACER
CON LO QUE SE SIENTE

PERCIBIR

NOMBRAR

SENTIR

COMPARTIR

ELEGIR

En bachillerato salí con un golfista, así que solía ver mucho golf. Mi programa favorito era ver a Tiger Woods. A menudo pensaba en lo contenta que yo estaba de no ser golfista en el circuito de la PGA en los años en que Tiger Woods estaba en su apogeo. Qué desdicha ser un golfista excelente pero vivir y jugar al golf cuando Tiger Woods estaba en escena. A nadie le importaba lo bueno que fuera el segundo mejor jugador, ni siquiera quién fuera; todo giraba en torno a Tiger. Por un momento, arrasó con todo. Todos creíamos que mientras viviera y jugara, sería el mejor. Con todo ese talento, ¿cómo no iba a serlo?

Pero Tiger era complicado, como todos los humanos. Tenía un lado oscuro y lo retorcía por dentro. Lo mantuvo oculto, hasta que no pudo. ¿Cómo es que la vida personal de un golfista se filtra tan profundamente en su juego? Porque, a pesar de nuestros mejores esfuerzos por mantenerlas en una caja en la estantería, nuestras emociones repercuten inevitablemente en el resto de nuestra vida. El juego de golf de Tiger se vino abajo por culpa de su enmarañada vida personal y emocional.

Todos queremos creer que podemos compartimentar las cosas para evitar enfrentarnos a los líos. Nos convencemos de que...

Podemos ser un gran trabajador.

Podemos ser un gran padre.

Podemos ser un gran cónyuge.

Podemos ser un gran estudiante universitario.

Podemos ser un gran cristiano.

Y aun así ser un desastre emocionalmente.

No. Las emociones afectan todo.

Todos queremos estar emocionalmente sanos. ¿Y ahora qué?

Lo notamos y lo nombramos y lo sentimos y lo compartimos ¿y luego qué?

¿Qué pasa si todavía parece que puede hundirnos?

Hemos llegado al punto en este proceso —y probablemente llegaremos a ese punto docenas de veces cada día— en el que, una vez que nos damos cuenta de lo que sentimos, nombramos lo que sentimos, realmente lo sentimos y lo compartimos, tenemos que decidir qué hacer con ello. **Aunque creas que no estás haciendo nada con tus sentimientos, lo estás haciendo.**

Puede que hasta ahora los hayas reprimido, los hayas ignorado, los hayas metido en una caja en la estantería de tu corazón. Pero siguen ahí.

O puede que hayas dado rienda suelta a tus emociones y permitido que controlen tu día, tu año, tu vida.

En cualquier caso, has tomado una decisión, intencionadamente o no. Pero tienes otra opción: Puedes sentirla, compartirla con las personas que amas y dejar que te acerque al Dios que quiere llevar tus cargas. Como dice 1 Pedro 5:7: "Depositen en él toda ansiedad, porque él cuida de ustedes."

La elección de participar en este proceso conduce a la sinceridad. Conduce a la conexión. Conduce al tipo de vida que Dios hizo para nosotros. Y quiere para nosotros.

PRIMERO, ELEGIMOS HACER ESTO CON DIOS

Pero hablemos de cómo es eso en realidad. Porque no hay nada peor que cuando alguien te dice un versículo de la Biblia como si fuera un salvavidas y tú no puedes entender por qué no te sirve a ti. Como si todos los demás sólo necesitaran un versículo de la Biblia para calmar su loco corazón y ya no tuvieran miedo.

Veamos un momento en que esto realmente sucedió con Jesús y Su pueblo.

En Mateo 8, los discípulos y Jesús estaban en un barco y una tormenta salvaje se levanta y asusta a los discípulos, temerosos de morir Jesús, sin embargo, está dormido en el fondo de la barca. Ahora, obviamente, estos discípulos tienen algo de ansiedad en este momento. Y probablemente no pueden creer que su rabino esté profundamente dormido en medio de esta tormenta. Así que fueron a despertarlo y le dijeron: "¡Señor, sálvanos! Nos vamos a ahogar."

En ese momento, Jesús dice: "Oye, yo me encargo". Él se hace cargo del problema.

Pero en el futuro, los discípulos se enfrentarán a muchos problemas que él no resolverá tan limpiamente.

Serán encarcelados. Serán golpeados y rechazados. Pedro será crucificado. Juan será exiliado a una isla. Las tormentas vendrán con más intensidad aún que aquel día en el mar.

Pero…

Algo fue totalmente diferente en la forma en que manejaron esas tormentas. Los discípulos pasaron de ser complacientes con la gente, compitiendo por el honor, dudando de sí mismos y de Dios, temerosos de una pequeña tormenta… a personas que darían su vida por este Dios.

¿Qué cambió?

¿Cómo podía ser el estado emocional de estos hombres tan completamente diferente unos años después?

Porque caminaron con Él.

Hablaron con Él.

Sirvieron con Él.

Aprendieron de Él.

Llegaron a ser como Él.

Se llenaron de Él.

Y mientras eso sucedía, día tras día, durante años, confiaron en Él. Y pasaron de ser personas temerosas de morir en una barca con Él a personas dispuestas a dar su vida por Él. Porque Él se preocupaba por ellos. Igual que cuida de ti.

La fe no se invoca, crece. Crece gracias a una relación, no a tu fuerza de voluntad.

Crece por las noches desesperadas en las que no puedes dejar de llorar y crees que nadie te ve, pero Él está contigo y lo sientes y lo sabes.

Por las salas de espera donde parecen pasar horas antes de que el médico salga a decirte si tu ser querido está bien o no. Pero Él está contigo. Él te cuida.

Por la injusticia en el trabajo donde eres incomprendido y no hiciste nada malo, pero Él lo sabe y Él está contigo. Él te cuida. Por la dicha que sientes un día en el que el sol brilla y la música que estás oyendo es la acertada y vas caminando y hablando con Él, y Él está ahí.

Porque... Él está allí.

Contigo.

Allí.

Una relación con Dios lo cambia todo. Él desenreda los nudos caóticos de nuestras almas, pero probablemente no de la manera que esperábamos y tal vez no de la manera que nos enseñaron: fingir que no existen y decirnos a nosotros mismos que todo está bien, y castigarnos porque si creyéramos lo suficiente en Dios no estaríamos tan tristes o preocupados.

Él los desenreda a través de períodos de lágrimas y honestidad cruda y de volver corriendo una y otra vez a Él... porque Él se preocupa por ti. Él quiere todo de ti. Quiere saberlo todo.

Así que elegimos Percibir, nombrar, sentir y compartir y, en cada paso de ese camino, invitamos a Jesús. Se lo contamos todo a Él.

Mi vida de oración es en gran parte un montón de sentimientos con los que corro hacia Él. Corro hacia Él cuando no pude dormir por un niño que está ansioso, cuando estoy tan brava con Zac que quiero darle un puñetazo, cuando estoy triste porque no fui invitada a una reunión de amigos, cuando me entusiasma ver cómo Él cambia la vida de alguien.

La alegría nos conecta con Dios, dador de todo lo bueno.

El temor nos conecta con Dios, nuestro lugar seguro.

La ira nos conecta con Dios, nuestro vengador.

La tristeza nos conecta con Dios, nuestro Dios que comprende el rechazo.

Hasta sentimientos como la culpa nos conectan con Dios, que murió por nuestra culpa, vergüenza y pecado.

Ojalá no fuera así. Desearía que mi relación con Dios no se diera a través de las lágrimas y la emoción cruda. Pero tampoco lo cambiaría. Porque no veo otra manera. Estos sentimientos que toda mi vida he tenido miedo de sentir, son la soga que Dios me tiene atada a la cintura, tirando de mí cada vez más y más cerca de Él. Si lo dejo hacer a Él y no lucho contra ello ocultando, reprimiendo y controlando, da miedo. Da miedo pero encuentro mi hogar y mi consuelo en Él.

Y tú también puedes.

A CONTINUACIÓN, ELEGIMOS SIN AMBAGES LA CRUDA VERDAD

¿Saben quién es bueno en eso? La Generación Z.

He visto el poder sanador de Dios obrando en las vidas de otras personas que eligen dejar que sus emociones las acerquen a Él y estoy convencida de que hacerlo —ser verdadera, auténtica y cruda con Dios acerca de nuestras luchas y nuestros pecados— es exactamente lo que ayudará a esta próxima generación —y a todos nosotros, de hecho— a aclarar nuestra retorcida confusión interior.

Hace varios años, antes de que supiera que la Generación Z se llamaba Generación Z, vi un cambio en las salas en las que hablaba. La primera vez que sucedió estaba en Breakaway en la Universidad de Texas A & M en 2018. He escrito sobre este evento antes, así que no entraré en detalles aquí, pero para resumir lo que sucedió esa noche, diría que se desarrolló una confesión colectiva, ante mis ojos. Al final de mi charla, pedí a todos los asistentes que expusieran la carga que llevaban encima, el pesado pecado que ocultaban, aquello que nadie en su vida —compañeros de habitación, familiares, amigos— sabía.

No guardamos secretos; los secretos nos guardan a nosotros. Y yo sabía que hasta que aquellos estudiantes no admitieran lo que estaban ocultando, su crecimiento espiritual se vería truncado.

Así que les pregunté:

—¿Qué secreto guardan? ¿Qué pecado necesitan confesar?

Y antes de que comprendiera del todo lo que estaba ocurriendo, los chicos se levantaban de sus asientos de uno en uno y luego de seis en seis, de diez en diez o de veinte en veinte, gritando literalmente su pecado. Delante de la gente a la que querían y amaban, gritaban: "¡Pornografía!¡Sexo!¡Borracheras!¡Pensamientos suicidas!¡Trastorno alimenticio!¡Cortadas!".

No paraba. Una vez que una persona se sinceraba, todos se sentían autorizados a hacerlo y mientras yo estaba allí, con el micrófono en la mano y las lágrimas cayendo por mi cara, sacudía la cabeza con asombro.

Cada vez que me llevaba el micrófono a los labios para cerrar el tiempo de confesión, otros diez niños gritaban su pecado o su lucha. Como si no quisieran perder la oportunidad de decirlo en voz alta. De liberarse de él.

Meses después hablé en la Universidad de Baylor y ocurrió lo mismo. Hablé en la conferencia Passion en Atlanta ante sesenta y cinco mil estudiantes. Ocurrió lo mismo. Una generación entera me estaba diciendo, diciéndose unos a otros, diciéndole a Dios, que estaban hartos de estar en esclavitud.

Estaban listos para vivir libres.

¿Tú lo estás?

La libertad siempre nos cuesta algo. Nos cuesta las apariencias, posiblemente nuestra reputación. Nos cuesta nuestro control porque, al entregar todo a Dios, aprendemos que Él dice cómo va todo. Nos cuesta nuestras adicciones malsanas que pensamos que son fuentes de consuelo pero que en realidad nos están atando y cegando.

La semana pasada, mientras trabajaba en esta parte del libro, recibí una notificación en mi teléfono con este título:

Las adolescentes experimentan niveles récord de tristeza y violencia: CDC, Centers of Disease Control and Prevention [Centros de control y prevención de las enfermedades]. Hice clic en el enlace y vi este titular: "Según nuevos datos de los CDC publicados hoy, casi 3 de cada 5 chicas (57%) adolescentes estadounidenses se sentían persistentemente tristes o desesperadas en 2021, el doble que los chicos, lo cual representa un aumento de casi el 60% y es el nivel más alto registrado en la última década."[62]

Tres de cada cinco. Eso es casi el 60% de todas las adolescentes, una cifra demasiado alta. Podemos mirar una estadística como esa y decir que tenemos una crisis de salud mental entre manos. Y lo hemos dicho. Porque es así.

Pero una cifra así me dice lo siguiente: si hay una crisis, es en el fondo una crisis de conexión. En ese mismo artículo de los CDC, el dedo señalaba a las redes sociales. Y a los efectos devastadores que el COVID tuvo en todos nosotros. Y en la tendencia de estos últimos años hacia menos contacto en persona y más realidad virtual en nuestras vidas.

Está tan descompuesto. Todos lo sabemos. Y hasta cierto punto, sabemos por qué.

Si cada día pasamos más tiempo solos, mirando fijamente a una pantalla, absorbiendo la perfección escenificada de los demás, por supuesto que nos vamos a sentir constantemente tristes y desesperados, no sólo las adolescentes, sino todos nosotros. La negatividad y el desastre están por todas partes. Por supuesto, vamos a buscar comida o alcohol o cualquier cosa que nos ayude. Probaremos cualquier cosa que prometa alivio.

Pero algo está pasando con esta generación que es radical y que nadie vio venir. Los que aman a Jesús son zelotes. Los que aman a Jesús aman a Jesús de veras. Se deshacen de sus pecados y sus conflictos más rápido que nadie para poder seguir a Jesús con un abandono sin miramientos. Quieren a Dios. Y ni siquiera es complicado para ellos. Solo quieren más de Él.

Cuando los cristianos sólo iban a la iglesia porque se suponía que debían hacerlo, crecía la ambivalencia. Pero esta generación está diciendo:

"¿Saben qué? Nadie me está pidiendo que haga esto, pero voy a seguir a Jesús y no me importa lo que cueste."

Y Dios se está moviendo. Necesitamos estar atentos a ellos y necesitamos aprender de ellos, y también necesitamos darles lo que necesiten para tener éxito. Tenemos que hacer de ellos discípulos.

Mientras trabajaba en este libro, vi en Instagram que un renacimiento se había originado en un servicio de capilla en la Universidad de Asbury. Los estudiantes se quedaban allí para estar con Dios, día tras día. Uno de mis compañeros de la Generación Z me tendió la mano y me dijo: "Vamos, Jennie. Vamos a ver eso."

Nos fuimos a Asbury ese día y era todo lo que se imaginan y más aún.

Sencillo.

Sin planes.

Oración, adoración y confesión.

Unos estudiantes que traen sus almohadas y sacos de dormir para permanecer en la presencia de Dios durante toda la noche. No querían irse. De modo que no lo hicieron. Simplemente se quedaron.

Esta generación joven quiere a Dios. Y están en plena crisis de salud mental. Ambas cosas son ciertas. Y creo que ambas están conectadas.

A menudo, sólo queremos a Dios cuando estamos desesperados. ¿Estás leyendo estas palabras y te sientes desesperado? Estar desesperado no es sólo un problema; también es una oportunidad. Las personas desesperadas llaman a puertas a las que de otro modo no llamarían, para obtener ayuda que de otro modo no necesitarían. Y tenemos un Dios que responde:

Pidan y se les dará; busquen y encontrarán; llamen y se les abrirá.[63]

Jesús está hablando de la esperanza por Él mismo, la salvación y el perdón. Llama y se te dará. Luego, con temor y temblor, resolvemos el resto mientras nos dirigimos eternamente a casa.

Jesús es su esperanza.

Jesús es nuestra esperanza.

Pero debemos ser honestos acerca de la condición en que estamos y nuestra desesperada necesidad de Dios.

TODOS NOS confundimos, nos enrollamos y nos exacerbamos de vez en cuando. Se le concede gracia a eso. Quiero que imaginen que estamos sentadas cara a cara y que me dicen lo alteradas que están y lo invadidas de miedo, ira o tristeza que están. Quiero que vean mi cara. No juzgo. No menosprecio. Mi cara es compasiva y afectuosa, y no me voy de la habitación.

A veces la "verdad que nos hará libres" es decirle la verdad a Dios y a los demás sobre el estado de nuestro corazón para que juntos podamos también creer en Dios con respecto a esos lugares en uno.

Confesar ideas suicidas.

Confesar la amargura de un divorcio no deseado.

Confesar el miedo tremendo a que nunca te casarás.

Confesar el dolor que aún sientes por la pérdida de uno de tus padres.

Confesar es decir la verdad. A veces la verdad es que la vida es difícil porque uno eligió el pecado. Se está acostando con un novio, abusando del alcohol, hundido en la pornografía. Está eligiendo algo más que a Dios y eso lo enferma a uno emocionalmente.

Pero a veces la verdad de aquello con que estás luchando no es un pecado. Muchas veces, te golpeas emocionalmente contra una pared porque la vida simplemente está horrible y nuestros cuerpos están desechos y simplemente no funcionan como quisiéramos.

Porque todo está tan descompuesto. Pero la Biblia da esperanzas para lo descompuesto.

Los que con lágrimas siembran / con regocijo cosechan.[64]

Dichosos los que sufren, porque serán consolados.[65]

Yo les he dicho estas cosas, dijo Jesús, para que en mí hallen paz. En este mundo afrontarán aflicciones, pero ¡anímense! Yo he vencido al mundo.[66]

Dios no tiene miedo del quebrantamiento y nosotros tampoco deberíamos tenerlo. Él tiene un plan para liberarnos: a esos universitarios, en la vida de Zac, en la mía y en la tuya también.

PERO, ¿Y SI TODAVÍA NOS ESTAMOS AHOGANDO?

Corremos hacia Dios y corremos hacia nuestra gente. Recabamos toda la información y decidimos qué necesitamos. Evaluamos si nuestra respuesta a nuestros sentimientos es saludable y razonable en una situación dada, como la angustia por una separación, o si nos hemos enredado en comportamientos poco saludables o incluso pecaminosos, como aislarnos con la esperanza de protegernos de un dolor futuro, o tratar de remendar nuestro corazón partido acostándonos por doquier.

No hay una manera correcta de sentirse triste, uno simplemente se siente triste. Sin embargo, lo que uno elija hacer con la tristeza puede arruinarle la vida. Uno puede tratar de recobrar

Confiar nuestras emociones a Dios: Una historia personal

Todavía puedo oír la frase "¡Las emociones son excusas!" que me gritaba mi padre, que no conocía otra forma de ser padre. Las generaciones que nos precedieron no sabían otra cosa que reprimir, adormecer y eludir nuestras frágiles emociones.

Llevaba esa frase conmigo cuando perdí mi virginidad con un chico sexualmente manipulador a los trece años. Llevaba esa frase conmigo cuando adormecí el dolor con alcohol y drogas a los dieciséis y dieciocho años. Esa frase me acompañó durante mucho tiempo, demasiado tiempo, en un matrimonio con maltratos.

"Las emociones son excusas", me recordaba a mí misma. "Sé fuerte, resiste."

Entonces me enamoré del Dios que me creó a mí y a mis emociones. Y ahora sé la verdad: Él está cerca de los quebrantados de corazón. No solo eso, sino que Él revive a sus hijos e hijas que se sienten completamente aplastados.[67]

Tus emociones y las mías no son una ocurrencia tardía para Dios, sino una prioridad y creo que Él hace su mejor trabajo cuando se las entregamos. Qué Padre celestial tan bueno tenemos.

—Toni, treinta y dos años.

la felicidad por medio de la bebida, o puede conectarse con otros y con Dios para recobrarla.

¿Recuerdan la imagen del tren del capítulo 4? Aquí es donde nuestra voluntad debe decidir qué hacemos con nuestros sentimientos. ¿Hacia dónde nos llevarán nuestros sentimientos en la vida? ¿Vamos a buscar la ayuda de Dios y de los demás con regularidad? ¿Vamos a dejarnos consumir de rabia o desesperación? ¿O vamos a elegir encararlas y dejar que nos lleven a lugares de mayor afecto y conexión?

Muchas veces sólo tenemos que pasar por las cuatro primeras fases —percibir, nombrar, sentir y compartir— sin hacer juicios y permitir que nuestros sentimientos nos conecten con Dios y con los demás. Está bien dejarse llevar por ese sentimiento durante un tiempo y dejar que haga el trabajo para el que fue creado. Es verdadero y real y, de hecho, es sano que lo sientas.

Pero a veces un sentimiento que debía durar, digamos, unos pocos días se convierte en un sentimiento que dura unos cuantos años, o descubrimos que determinado sentimiento nos impulsa una y otra vez hacia comportamientos poco saludables, y si bien la confesión nos mueve hacia la curación, hay otras decisiones que tomar.

¿Necesitamos terapia?

¿Necesitamos salir de nuestra rutina pecaminosa?

¿Necesitamos abordar heridas que nos persiguen desde la infancia?

¿Necesitamos curarnos de circunstancias que escapan a nuestro control?

¿Necesitamos aprender nuevos patrones saludables para lidiar con nuestros arrebatos emocionales?

¿Necesitamos asesoramiento matrimonial?

¿Necesitamos una nueva forma de llevar la vida de una manera más sana?

¿Es un estado de ánimo que pasará en un día o dos? ¿O durará semanas o meses?

¿O las emociones ya no son un refugio sino que se convirtieron en una prisión que escapa a nuestro dominio?

Imaginen que todas sus diversas emociones son el océano y que están en la orilla. A veces las olas lamen tus tobillos o llegan incluso a tus rodillas. Tan solo observas y sientes la emoción.

Pero otras veces esas emociones los arrastran mar adentro.

Tal vez para darse un baño y hace un día precioso.

O tal vez sea una resaca que nos lleve tan lejos que necesitamos ayuda.

Esta parte del proceso no es tan clara. Es un viaje de descubrimiento de lo que sentimos y de lo que uno y su comunidad piensan que necesitamos. Si Percibir, nombrar, sentir y compartir nos han llevado a uno y a su gente a concluir que las emociones nos están diciendo que es hora de hacer un cambio, en el próximo capítulo encontrarán una serie de ideas sobre cómo tomar esa decisión.

APACENTEMOS NUESTRAS ALMAS

En los últimos años, empecé a verme como la pastora de mi propia alma. Durante mucho tiempo esperé que alguien "de afuera" viniera a arreglarme, que alguien "de afuera" viniera a curarme y que alguien "de afuera" enderezara las cosas.

Como seguidora de Jesús, estoy muy consciente de que en términos de redención eterna, no tengo ningún poder aparte de Cristo. También estoy consciente de que todos y cada uno de los llamados que hacen las Escrituras se hicieron suponiendo que uno las llevaría a cabo en el contexto de la vida comunitaria.

Pero he aquí lo que no sabía: a la luz de esas dos verdades, Dios trazó tanto un plan así como como los medios para llevarlo a cabo. Tenemos esperanza y curación gracias a Jesús y a todo lo que hizo; tenemos el poder de cambiar, amar, comprometernos y tomar nuevas decisiones gracias al Espíritu Santo. Todo es posible gracias a Su fuerza en nosotros.

He aprendido que nada es mejor para ayudarme a saber qué hacer con los nudos de mi alma que estas dos preguntas, dirigidas a Él, a veces hora tras hora:

Dios, ¿qué quieres que sepa?
Dios, ¿qué quieres que haga?

Nunca sabremos las respuestas a estas preguntas si no las hacemos. Él está esperando para llevarte a la orilla de aguas tranquilas, ¡para apacentar tu alma! Está esperando a que decidas que quieres ser sanado.

CUARTA PARTE

Sintiendo el camino a seguir

13

TRATANDO CON
NUDOS OBSTINADOS

A menudo, la razón por la que caemos en las trampas emocionales de controlar nuestros sentimientos, esconderlos o reprimirlos en lugar de reconocerlos es que los recuerdos que hay detrás
de esos sentimientos nos alteran tanto emocionalmente, que nos
quedamos paralizados momentáneamente sin saber qué hacer.

Hablaba con una amiga sobre lo difícil que es sentir rencor y
dijo: "Tengo sentimientos que nunca podré sentir del todo. Son
como el hilo que cuelga de un suéter, que si lo halo, todo el suéter se deshace."

Es tan cierto, ¿no? A veces se siente así.

Pero la verdad es que ese suéter tiene que deshacerse porque no
abriga a *nadie*. Se lo dije a mi amiga. "Te entiendo, pero en lugar de
pensar en esos sentimientos no sentidos como en un suéter boni-
to y cálido, mejor piensa en ellos como en una cuerda con nudos
que cuelga de tu cuello. De desenredarla solo saldrá algo bueno."

A veces nuestra pesadumbre se justifica —quizá recibimos un
terrible diagnóstico, sufrimos una ruptura matrimonial, el abandono de un padre o una quiebra financiera— y otras veces el sentimiento ni siquiera se basa en la realidad. En cualquier caso, los

sentimientos existen y pueden tomarse algunas medidas verdaderas y tangibles para navegarlos de forma saludable.

Si lo que no quieres afrontar es el sentimiento de haber defraudado a alguien, que no estás a la altura, que nunca serás capaz de cambiar, que tu vida está destinada a ser decepcionante, que siempre serás incomprendido, que nunca encontrarán un grupo leal de amigos, que nunca serás digno de amor, sentirte *entre un millón* de sentimientos fatalistas diferentes o aun cosas más concretas e ineludibles... Como alguien que ha estado atascada emocionalmente en la vida tantas veces que perdió la cuenta —alguien que *todavía hoy* se enmaraña ocasionalmente en sus emociones como enredada en la correa de un perro especialmente revoltoso—, quiero decirte que **hay momentos en los que una simple toma de conciencia puede ayudarnos a enderezar las cosas y liberarnos y hay momentos en los que se necesita más ayuda.**

A veces, aun cuando hemos sentido el dolor y hemos dejado que nos lleve a Jesús y a los demás, sigue pareciendo que nunca seremos libres.

No estás loco.

Todos hemos pasado por eso.

Pero, aunque nos demos permiso para sentir la verdad de todo eso, e incluso reconozcamos que no hay soluciones mágicas, hay cosas tangibles que podemos hacer para ayudar a aflojar esos nudos.

EMPEZAR POR EL CUERPO

Como ya he compartido, nos embarcamos en un viaje hacia la salud mental no sólo en nuestra propia familia, sino también con más de un puñado de amigos cercanos. Y una y otra vez hemos descubierto que los sentimientos con los que luchamos a menudo se ven exacerbados por la forma en que tratamos —o, frecuentemente, maltratamos e ignoramos— nuestro cuerpo.

Siempre que la gente se pone en contacto con nosotros, tras el intercambio inicial, Zac y yo les sugerimos que empiecen de la misma manera: "Consulte con su médico", les decimos. "Hágase un chequeo completo, de pies a cabeza."

El hecho es que, como adultos, no somos nada buenos para mantenernos al día con nuestro propio cuidado físico. Podemos ser completamente obsesivos para asegurarnos de que nuestros hijos se sometan a chequeos médicos anuales y de que tengan acceso a todos los recursos necesarios para ayudarles a crecer sanos y fuertes. Pero pregunta en tu círculo de amistades y oirás lo mismo que yo en el mío:

"¿Un chequeo médico? No me he hecho uno hace... *años*."

"¿Médico? Mis hijos tienen pediatra, pero yo no voy al médico."

"Ajá, no tenemos buen seguro médico. Nunca vamos."

No estoy tratando de ser mandona, pero voy a serlo aquí. Aunque estas y todas las demás excusas posibles vengan al caso para ti, apártalas y ve a hacerte un chequeo. La razón es la siguiente: Cambiamos.

Y también: aunque no tengan síntomas evidentes de enfermedad, disfunción o afección, no puedes dar por sentado, amigo, que todo está bien debajo de tu piel. Las cosas están bien hasta que dejan de estarlo, ¿verdad?

Te sorprendería lo que oigo de mis amigos y familiares que finalmente hacen lo que les dicen. Regresan y me dicen las cosas más locas:

"¡Jennie, era mi tiroides! Mi tiroides estaba casi *apagada*."

"Jennie, tengo una total insuficiencia adrenal. ¡Por eso no puedo levantarme de la cama!".

"Jennie, mi examen de sangre es un desastre. ¿Quién iba a saber que necesito vitaminas para vivir?".

"Jennie, mi presión sanguínea estaba por las nubes. Con razón me siento ansiosa casi todos los días."

"Jennie, mi conteo hormonal estaba todo descontrolado. No tenía ni idea."

Y muchas de esas cosas eran dichas por gente joven, veinteañeros. Todos necesitamos hacerlo.

Y en cuanto al último punto, ¿sabías que el sistema endocrino del cuerpo —nuestro sistema hormonal— está directamente relacionado con la parte de nuestro cerebro que procesa las emociones?[68] Si eres una mujer o un hombre combatiendo dificultades emocionales y no te has hecho una prueba hormonal en más de doce meses, acude a un profesional ahora mismo. Si no tienes seguro médico, busca una clínica gratuita. En Dallas nuestra iglesia ofrece atención médica gratuita a través de varias instalaciones para cualquiera que no tenga seguro.

Incluso sin indicaciones de que haya algo malo con nuestro cuerpo, hay muchas maneras entre las cuales elegir para cuidar mejor de nosotros mismos. A veces necesitamos medicamentos para la depresión y la ansiedad; alabado sea Dios por su existencia. Pero antes de que mi médico de cabecera, que es creyente, me recete esas medicinas, tiene una lista de preguntas sobre las cosas que deberíamos intentar primero. He aquí algunas junto con breves notas mías sobre por qué cada una de estas preguntas sobre nuestra vida física y espiritual es pertinente para nuestro bienestar emocional.

- ¿Mueves tu cuerpo todos los días? (Produce serotonina).
- ¿Compartes tus dificultades con amigos y familiares? (Sana las vías neuronales).

- ¿Cuánto alcohol bebes? (Reduce la dopamina).
- ¿Estás comiendo una dieta balanceada? (Porque la buena alimentación repercute en cada una de nuestras funciones corporales y por lo tanto en nuestra vida emocional).
- ¿Estás pasando tiempo con Jesús? (Sí, ella le pregunta eso a los pacientes que son personas de fe, porque sabe que una conexión con Jesús es más sanadora que cualquier otra cosa).

Si la mayoría de esas cosas ya están en orden y un paciente necesita medicamentos, tal vez para tratar un problema químico, por ejemplo, ella se los recetará sin vacilar. De lo contrario, pide a los pacientes que prueben algunos ajustes en su estilo de vida de los que se ha demostrado que tienen impacto en nuestro bienestar emocional.

¡Lo que sigue, entonces, es una lista de cosas que realmente ayudan! No es ni mucho menos exhaustiva, pero si llevas tiempo luchando por mantenerte en contacto contigo mismo y sentir lo que sientes efectivamente o si te sientes atrapado en una vida emocional malsana, optar por hacer estos ajustes puede ser útil y en ocasiones, cambiarte la vida. Lo sé porque he pasado por eso.

TÓMATE UN DESCANSO DE LAS PANTALLAS

Nuestras emociones son más intensas la primera vez que nos encontramos con algo. La primera vez que ves el mar, si has tenido la suerte de que te pase. La primera vez que ves nacer a un niño. Esos sentimientos nos abruman. Pero la décimo segunda vez que ves el mar ya no tiene ni de cerca el mismo impacto. Se trata simplemente de la forma como estamos hechos.

De modo que la primera vez que oíste pelear a tus padres, quizá tenías seis años y llorabas en tu habitación. Pero años después, si tus padres eran peleones y habías presenciado docenas de discusiones, ya no llorabas. Sabías que conseguirían salir de eso. O eso esperabas de todos modos.

La novedad provoca la reacción emocional más extrema.

Es por eso que los videojuegos de simulación son una de las formas con las que la gente se entrena para el combate. Creen que estoy bromeando, pero en realidad es así como entrenan su mente. Porque parte de nuestro cerebro no puede diferenciar entre algo virtual y algo real. De modo que si lo has visto ocurrir virtualmente, es como si te hubiera ocurrido. Otra parte de nuestro cerebro conoce la diferencia. Pero el entrenamiento no funcionaría si no existiera la parte de nuestro cerebro que no reconoce la diferencia. A medida que disminuye la novedad de ver la muerte y la guerra, disminuyen nuestras respuestas emocionales.

¿Me siguen? Esto significa que en esta era digital en la que hemos estado expuestos a muerte, sexo y tragedias a diario, nuestras reacciones emocionales están atrofiadas y confundidas. La novedad no tiene peso para esta generación. Lo hemos visto todo miles de veces, confundiendo nuestras vidas emocionales y traumatizándolas también. De modo que, si te preguntas por qué no puedes sentir lo suficiente cuando es necesario, por qué te sientes tan ansioso cuando tus circunstancias no son tan malas, por qué pareciera que tu hijo no puede atravesar la angustia de un día de escuela, recuerda que parte de tu cerebro o del cerebro de tu hijo, han pasado en realidad por todos los traumas que han visto todo el tiempo en las pantallas.

Cuando estaba creciendo, antes de que existieran las computadoras, la Internet y los iPhones, el único tufillo a sufrimiento que me llegaba de fuera del círculo de mis amigos y familiares más cercanos era una vaga mención a niños que morían de hambre en China porque yo no comía toda la comida de mi plato.

En tan sólo las últimas tres semanas, mientras escribo esto, vimos los rostros y supimos los nombres de tres niños de nueve años muertos a tiros en una escuela primaria. Vimos las imágenes de la destrucción causada por un tornado que asoló el centro de nuestro país; y si eres padre, alguno de tus hijos habrá matado unas cuantas personas en *Mortal Kombat* o, dependiendo de su edad, en *LEGO Guerra de las galaxias: el videojuego*.

Con todo el tiempo que pasamos frente a la pantalla, estamos entumecidos ante el dolor y, por tanto, también ante la vida. Estamos perdiendo la capacidad de sentirnos tristes y enojados, así como de maravillarnos y alegrarnos. Lo hemos visto todo y sentido todo y nos hemos encontrado a nosotros mismos tan solo esperando la próxima descarga de adrenalina, sin una conexión profunda con nuestro dolor y nuestra alegría.

Así que limitémoslo todo: los noticieros, Twitter y Threads y los comentarios de TikTok; los maratones de series en Netflix y YouTube. En su lugar, tratemos de leer un libro. ¡Ey, MIRATE! Es lo que escogiste hacer en este mismo instante. Buen trabajo.

SIÉNTATE EN SILENCIO

A propósito, ¿cuándo fue la última vez que estuviste sentado, solo, en silencio, sin nada en las manos o los oídos?

El matemático francés Blaise Pascal dijo: "Todos los problemas de la humanidad tienen su raíz en una sola cosa, la incapacidad para estar sentados solos en una habitación por algún tiempo."[69]

A lo que me dan ganas de decir: "Blaise, eso lo dijiste hace casi cuatrocientos años. No tienes *idea* de cómo han empeorado las cosas."

Estamos siempre en movimiento, siempre ocupados haciendo varias cosas a la vez, bombardeando constantemente nuestra mente con imágenes y sonidos. La escritora y terapeuta Linda Stone acuñó la expresión «atención parcial continua», la cual describe como:

> un comportamiento siempre activo, en cualquier momento, una conducta en todo lugar que crea una sensación artificial de crisis. Siempre estamos en alerta máxima. Nos exigimos a nosotros mismos múltiples acciones cognitivamente complejas. Intentamos mantener en el foco una prioridad mientras, al mismo tiempo, escudriñamos la periferia para ver si estamos perdiendo otras oportunidades. Si es así, nuestra voluble atención cambia de enfoque. ¿Qué está sonando? ¿Quién es? ¿Cuántos correos electrónicos? ¿Qué hay en mi lista? ¿Qué hora es en Bangalore?[70]

COME BIEN Y BEBE AGUA

Sé que algunas de estas cosas son muy básicas. Pero es increíble cómo cambia mi estado de ánimo en función de lo que como y de lo que bebo o dejo de beber. En el último año, simplemente cambiando lo que como y la cantidad de agua que bebo, mejoraron mi salud mental y emocional.

Ojalá todas estas pequeñas decisiones no nos afectaran tanto. Pero somos criaturas de mente, cuerpo y espíritu, ¡y cada una de esas partes afecta a las demás!

Según un redactor de la revista *Harvard Health*: "El funcionamiento interno del sistema digestivo no sólo ayuda a digerir la comida, sino que también guía tus emociones."[71] De hecho, el equilibrio entre bacterias "buenas" y "malas" en nuestro intestino puede tener un efecto directo sobre la serotonina que produce nuestro cuerpo para ayudar a regular el estado de ánimo. Todas nuestras golosinas azucaradas y alimentos procesados favoritos que comemos para lidiar con el estrés pueden, en última instancia, ¡hacernos sentir peor!

Suspiro.

Deprimente, ¿verdad?

No tiene por qué serlo. Sé que no es divertido renunciar a los alimentos que amas, pero a menos que esos alimentos te amen también, a la larga no te serán provechosos.

Una de las cosas que descubrí en este viaje es que son muchas las personas que no están tan deprimidas o ansiosas, como simplemente *deshidratadas*. Esto es fácil: ustedes y yo deberíamos beber la mitad de nuestro peso corporal en onzas de agua al día. Si pesas 150 libras, necesitas setenta y cinco onzas de agua al día. Fácil, ¿verdad?

MUÉVETE Y SAL AL AIRE LIBRE

No existe detrimento de nuestra salud que no mejore *ampliamente* con el ejercicio. Ni uno solo. Y, aun antes de la pandemia y del cambio al trabajo a distancia —que si bien de alguna manera alivia el estrés ha provocado un aumento en los que pasamos horas sentados ante una pantalla—, el adulto estadounidense promedio pasaba sentado más de seis horas al día.[72]

Sinceramente, creo que hacemos que el ejercicio sea más difícil de lo necesario. Si la pregunta es: "¿Qué tipo de ejercicio debería hacer?", la respuesta es la siguiente: "Cualquier tipo que de verdad hagas."

Ya habrás oído antes que la subida que provoca el ejercicio en tu serotonina es semejante a la del medicamento. Cada vez que te sientas emocionalmente enmarañado, sal a caminar. Haz algo que te haga regresar a tu cuerpo. Lánzate al agua fría. Da una carrera. Haz una tarea física. Hagas lo que hagas, si puedes, trata de pasar tiempo al aire libre.

Se ha escrito tanto sobre nuestra presente situación de estar siempre dentro que se acuñó el término de "trastorno por déficit de naturaleza" para describir las consecuencias de la falta de contacto con el mundo natural. Lo veo en mi propia vida. Hay muchos días en los que paso de estar dentro de mi casa a estar dentro de mi auto, dentro de mi oficina, dentro de una cafetería o restaurante, dentro de un supermercado y otra vez dentro de mi casa y es bien probable que tu puedas decir lo mismo de tu vida cotidiana regular.

Esa dinámica no es saludable.

Está demostrado —*estadísticamente*— que tomar veinte minutos de sol directo al día ya sea al amanecer, al mediodía o justo antes de la puesta de sol, mejora el estado de ánimo, regula el ritmo circadiano, estimula la inmunidad y mejora drásticamente el sueño.(73) Coge una botella de agua y sal a pasear al perro en esos horarios.

HAZ UNA SIESTA

¿Has visto ese vídeo corto de dos hermanitos infantes? Una de los dos está adorablemente perdiendo la cabeza y el otro la mira y le dice: "Bueno, ¿hiciste tu siesta hoy?". Ella, entre gritos y llantos, dice: "¡Noooooooo!". No somos tan diferentes cuando somos adultos. Desenmarañar las emociones requiere energía. ¿Recuerdas la siesta del mediodía de cinco horas de Charlie? Dense un poco de libertad mientras empiezas a trabajar en este proceso. Si estás cansado, *ve a descansar.*

Muchos de nuestros problemas tienen solución con solo adecuar nuestras vidas a las limitaciones que Dios nos dio, adoptando prácticas saludables. Y a veces aun cuando estamos haciendo todo eso, todavía nos hallamos metidos en un reducto del que no podemos salir.

PAGA POR UN AMIGO

Además de todas las opciones que podríamos elegir para cuidarnos mejor físicamente, estoy convencida de que la gran mayoría de nosotros necesitamos una cosa a la que, por la razón que sea, parece que nos resistimos: *un consejero.*

Ayer mi hijo mayor, Conner, estaba en el patio trasero haciendo un desastre con su camioneta. Había una sustancia parecida al alquitrán por todas partes, incluso sobre él y la camioneta estaba levantada.

Cuando le pregunté qué estaba haciendo, me dijo: "Estoy cambiando mis frenos."

Mmmhmmmm…

Cuando expresé mi preocupación, me contestó: "Mamá, yo reparo autos todo el tiempo."

Es cierto que mi hijo ha cambiado neumáticos y faros, ¿pero cambiar los frenos? Me pareció un gran salto, como pasar de chapotear en la piscina de niños a intentar nadar mar afuera.

Unas horas más tarde oigo un impacto seguido de los gritos de mi marido.

Sí, así que los frenos no eran tan simples.

A nuestros vecinos les van a instalar una valla nueva y la reparación de ochocientos dólares que mi hijo trataba de evitar, acabará costándole cerca de cinco mil por el arreglo de los daños de su camioneta, la valla y poner los frenos nuevos.

Hacemos lo mismo con nuestras vidas emocionales.

Creemos estar bien.

No necesitamos ayuda.

Pensamos que deberíamos ser capaces de resolverlo nosotros mismos.

Si traumas y décadas de dolor se han acumulado, se trata de algo mucho más serio que un rápido cambio de neumáticos. Es algo que requiere de un profesional. Y no pasa nada. **No estás particularmente dañado; eres especialmente sabio y fuerte como para pedir ayuda.**

Y es más importante de lo que imaginas.

Mi miedo al abandono sigue allí. Siento que se me aprieta el pecho en cada cita a la que acudimos por la salud de Zac. Hoy puedo poner nombre a mis miedos y compartirlos con él y los demás y eso me reconforta. Pero no sé si habría podido conectar los puntos yo sola. Desde que tenía siete años, con miedo a la muerte y a que alguien viera mis lágrimas, hasta los primeros años de mi matrimonio, cuando discutíamos y yo no podía respirar porque mi compañero de equipo se había convertido en mi enemigo y me sentía completamente sola, pasando por la habitación del hospital, nuestros hijos creciendo y mil momentos más —algunos demasiado sensibles para compartirlos hoy con ustedes—, no creo que hubiera podido deshacer ese nudo yo sola. Necesitaba que un profesional me ayudara a desenmarañar décadas de nudos emocionales.

La terapia no es mágica. Solo que todos tenemos una maraña de cuerdas enredadas. Todos y cada uno de nosotros. Lo que hace la terapia a través de largos periodos de tiempo, dependiendo de lo enmarañadas que estén tus cuerdas, es ayudarte a halar una hebra pequeña y darte cuenta de que todo está más enredado de lo que pensabas. Durante seis u ocho semanas, simplemente te molesta. No estás seguro de querer hacerlo. Pero entonces, como por arte de magia, un nudo se suelta. Un momento que te ha perseguido durante más de una década empieza a tener sentido y ya no te persigue, sino que te anima y te redefine de la mejor manera. Al menos así es como me ha ido siempre a mí. Odio la terapia hasta que me enamoro de ella.

Ahora bien, casi todos tenemos cuerdas que, incluso cuando se desenredan, todavía preferirías olvidar. Quisieras que no estuvieran allí. Pero cuando se desenredan puedes trabajar con esa cosa. Lo que no era más que un revoltijo de luces de Navidad inservibles en tu garaje, se convierte en algo hermoso, vivificante y conectado, que asoma y promete la conexión entre tú y Dios y entre tú y las personas a las que quieres amar bien.

Oigo a gente bienintencionada decir: "Miren a la gente que sobrevivió a la Segunda Guerra Mundial. Están bien. No se quejan. Nosotros sólo tenemos que sobrellevar las cosas, levantarnos a nosotros mismos y seguir adelante."

¡Mucha gente que vive así está reprimida emocionalmente! Sí, técnicamente, la gente puede "salir adelante" de cualquier tipo de dificultad, incluso de la guerra. Pero por si no se han dado cuenta, estamos en plena crisis de salud mental en este país y las cifras siguen aumentando. Espiritual, relacional y mentalmente, *seguimos* pagando las deudas de traumas no tratados de personas que viven así y nos lo exigen al resto de nosotros.

Quiero algo mejor para nosotros y para nuestros hijos.

Que estemos emocionalmente sanos, libres, profundamente conectados con Jesús y entre nosotros.

A estas alturas ya sabes que soy una entusiasta de la terapia. También estoy consciente de que mucha gente no puede permitírsela. En su mejor forma, la más ideal y realista, por lo regular se realiza durante la convivencia con las personas que amamos. Quiero proponerte una pequeña actividad para ayudar a hacer de las citas para cenar y las reuniones de grupos pequeños un poco de terapia sanadora.

Envíen este mensaje a las personas de su círculo y pídanles que cada uno comparta sus respuestas la próxima vez que estén juntos:

La emoción más grande que sentí esta semana fue _____.
La razón por la que sentí _____ fue _____. Esa emoción me hace sentir _____, así que quería _____ el sentimiento. Recuerdo sentir _____ por primera vez cuando tenía _____ años. Cuando yo era, cuando _____ sucedió. Cuando pienso en mí en aquel entonces, me hace sentir _____.
Ojalá me hubiera podido decir a mí mismo entonces _____
_____.

NO ES FÁCIL, PERO VALE LA PENA

Antes de terminar este capítulo, quiero ser sincera. A pesar de mis mejores consejos y de tu mejor esfuerzo, es posible que tengas que lidiar con emociones confusas todos los días durante el resto de tu vida.

No deseo eso para ti.

No lo deseo para mí.

Honestamente, no lo *espero* para ninguno de nosotros.

Pero es posible. Y por eso quiero decirlo, claro como el día.

Algunas personas han pasado por tantas cosas que cuando empiezan este trabajo, las cuentas de su sanación simplemente no suman. Tal vez el cúmulo de cosas que ha hecho que tu carga emocional sea tan grande parece imposible de desechar aunque tuvieras dieciséis vidas.

Aun así, lo que sé que es cierto es lo siguiente: **Podemos estar más sanos de lo que estamos hoy. Por la gracia de Dios, podemos transformarnos.** Podemos ayudar a las versiones anteriores de nosotros mismos a crecer un poco y aprender a vivir en nuestro espacio recién descubierto. Podemos avanzar a zancadas. Podemos ganar capacidad. Podemos encontrar la paz donde reinaba el caos.

Y todavía, para ser sincera, tengo que decirte que un cambio tan maravilloso tendrá un costo. Lo que quiero decir es que, a medida que profundizas para encontrar sanidad emocional y cultivar la inteligencia emocional, puede que no sea suficiente con dejar de comer gluten.

Me he emocionado hasta las lágrimas al ver a amigos y familiares hacer el duro esfuerzo requerido para alcanzar salud emocional. También me ha dejado atónita ver el esfuerzo que requería.

He visto a amigos y familiares *cambiar radicalmente sus hábitos de vida*. Han dejado de beber. Han dejado el azúcar. Comenzaron a hacer yoga por primera vez en su vida.

He visto a amigos y familiares *borrar sus cuentas de las redes sociales*. Quiero decir, borrar-borrar. No por Cuaresma, sino para siempre.

He visto a amigos y familiares, los cuales prefieren un acercamiento natural al bienestar, *agradecidamente comenzar a tomar un medicamento*. Zac está en ese grupo. No quiere tomar psicofármacos para siempre, te aseguro. Pero, de momento, los considera válidos.

He visto a amigos y familiares *adoptar un flamante nuevo grupo de amigos*. Necesitaban amigos que apoyaran su progreso en lugar de mantenerlos restringidos en la mala salud y, bien por ellos, fueron y los encontraron. Caramba, el valor y el empuje que esto requiere.

He visto a amigos y familiares *dejar sus trabajos*. Su salud mental y emocional valía más que un gran salario.

He visto a amigos y familiares *mudarse de casa, de ciudad o de estado*. ¡Ningún cambio está vedado cuando tu cordura está en juego!

No sé lo que te exigirá sanar tus emociones, pero de hecho tendrá sus exigencias. ¿Vendrás con valentía a esa discusión?

Espero que sí.

Espero que siempre lo harás.

Espero hacer lo mismo.

14

LIBRE DE SENTIR

Ante la inminencia de tener que escribir la última parte de este libro, ayer por la mañana me senté una vez más en mi cafetería favorita a teclear para ustedes y, por dos horas, no me salieron las palabras. Pocas veces me quedo sin saber qué decir. El bloqueo del escritor no me ha sido familiar en los muchos años y proyectos que creé. Pero con la presión creciente, comienza la opresión en el pecho. Mi ritmo cardíaco empezó a aumentar. No podía quedarme quieta. Intenté presionarme para continuar pero, al final, con una sola frase escrita, me levanté, pagué y me fui.

Subí al auto y conduje sin rumbo. No lograba pensar en qué hacer ni adónde ir. Acabé en la entrada de mi casa, acampada en el coche con el miedo creciendo casi hasta el pánico.

Sinceramente, tenía muchas otras presiones además de la fecha límite para escribir. Un niño con dificultades en la escuela, mi marido lejos de casa por trabajo, el hijo de mi hermana en el hospital una vez más. La lista verdaderamente podría ser interminable.

¿Se sienten identificados? ¿Sienten como que todo está descontrolado y echado a perder? Lo sé, lo sé. Está.

No se me escapa la ironía de no poder terminar mi libro acerca de las emociones por culpa de mis abrumadores sentimientos.

La náusea inducida por la presión y los sentimientos no se iba, ni siquiera cuando recogí a mi hijo en la escuela y me preparé para recibir en casa a nuestro pequeño grupo de la tarde. A decir verdad no tenía ganas de que vinieran. Quería meterme pronto en la cama a ver cualquier cosa entumecedora en la televisión.

Pero vinieron. Rodeada de algunas de las personas con las que me siento más segura, hombres y mujeres con los que hemos hecho vida profunda por años, participé en la discusión y respondí a las preguntas que estaban planteadas para esa noche:

¿Cómo te ha cambiado el año pasado?

¿Cómo necesitas que Dios se manifieste para ti en los próximos tres meses?

Al principio del libro dije que soy diferente de cuando comencé este viaje. He aprendido que las emociones no son el enemigo. Las emociones son el regalo. Las emociones están destinadas a acercarnos a Dios y a los demás. Por eso, en vez de dar, como de costumbre, una simple respuesta vaga a lo que necesito que Dios me muestre, me desmoroné ante estas personas que me quieren.

Les conté las presiones que siento:

- la ansiedad que me llevó a pasar gran parte del día sola en el automóvil, sin saber qué hacer;
- el miedo a que estas palabras nunca sean suficientes para ayudar verdaderamente a la gente;
- el profundo anhelo de ser mejor de lo que soy en esta inmensa labor para la cual Dios me ha llamado.

Hasta compartí la circunstancia embarazosa de que últimamente me había dado cuenta de que estaba celosa de otras personas que hacen mucho mejor que yo las tareas para las cuales he sido llamada a realizar.

Mientras decía todo aquello miraba al suelo cohibida, mis lágrimas cayendo al piso y preguntándome todo el tiempo si estaba siendo demasiado emotiva para los hombres en la sala.

Pero, ¿adivinen qué?

Me abrazaron. Me escucharon. Luego compartieron sus dificultades. Todas las mujeres y todos los hombres. Cada uno compartió sus sentimientos y sus luchas.

Fue hermoso, sencillo, real, extraño y esperanzador.

Y al final, Ashley, mi cuñada convertida en mejor amiga, se inclinó y dijo: "Me siento mejor. ¿Y tú?".

Y me sentí mejor. De verdad que sí.

Y ahora, esta mañana, ya no estoy bloqueada ante el teclado. Tengo una visión para ti. Para nosotros.

Te imagino libre. Libre de sentir. Libre de compartir esos sentimientos y libre de correr hacia la presencia de Dios con todos ellos. Dejando de estar anudado y enmarañado para poder vivir la vida venturosa que Dios tiene para ti, llena de alegría, temor, enojo, tristeza... ¡todo ello!

Me hace pensar en la vez en que Zac creyó que sería una buena idea que todos nos pusiéramos unos arneses y nos atáramos a un cable ridículamente largo para a través de este lanzarnos por los aires.

Me abroché el casco y subí a la gran plataforma de acero, le eché una mirada a Zac, que iba guiando a nuestra prole. Me nutría de su confianza mientras me orientaba. Esto era muy seguro, ¿verdad? Nada que temer, ¿verdad?

Unos instantes después vi cómo mi marido, seguido de mi hijo mayor y de los demás niños, saltaban de la plataforma metálica y se elevaban por encima de las copas de los árboles hasta perderse de mi vista como si nada. Y entonces me tocó a mí. Cuando solté el gancho y sentí que la gravedad empezaba a hacer girar la polea sobre el cable, por reflejo me reí en alta voz. Nadie podía oírme, salvo quizá los bichos que sin duda se burlaban de mí desde la frondosa copa de los árboles allá abajo.

Recorrí aquella milla de cable a más de treinta millas por hora durante apenas unos minutos, pero la revelación que tuve mientras estuve allá arriba no ha dejado de acompañarme desde entonces y es que lanzarse por los aires es divinamente más divertido que quedarse atascado. Es cierto en tirolina y es cierto en la vida diaria.

Vivir con sentimientos absurdamente enmarañados es tan satisfactorio como sería lanzarse por un cable de esos pero lleno de nudos. Uno puede, desde luego, halarse y empujarse por la cuerda hasta llegar a la plataforma final y decir que técnicamente hizo el recorrido, pero ¿no se habría uno perdido todo el propósito del asunto? ¿No querría uno que le devolvieran el dinero?

Del mismo modo, **vivir la vida emocionalmente enmarañados no es vivir, en absoluto.** Eso es lo que he estado aprendiendo durante los últimos dos o tres años: que ni tu ni yo estamos hechos para ir dando tumbos por esta vida terrena, sino para alzar vuelo. De verdad. No porque la vida sea siempre fácil. No lo es. Sino porque, a pesar de los retos, es posible seguir moviéndose, seguir creciendo, seguir maravillándose con el viaje.

DESATASCARSE

Mientras trabajaba en este libro, Zac emergió de los meses de depresión y hoy está en un lugar completamente distinto.

Logró atravesar un valle más y salir al otro lado. Le vi vivir este libro mientras yo lo escribía. Lloraba cuando tenía que llorar, compartía todo con sus más allegados, no temía enfrentarse a toda su tristeza y sentirla.

Paseamos a menudo por la noche.

Por meses estuvo callado durante nuestros paseos y luego algunas noches me contaba todas las cosas injustas que le ponían de plano furioso, mientras que otras noches el asunto era su preocupación por nuestro futuro y a veces su tristeza por habernos fallado de algún modo.

En algún momento mientras escribía estas palabras, nuestros paseos se volvieron más felices. Nada había cambiado en nuestras circunstancias, pero él volvía a estar más ligero, esperanzado y tranquilo. Hasta se reía algunas noches.

Aprendí que quiero estar dispuesta para esas caminatas juntos, sea lo que sea lo que nos deparen. En las mejores y en las peores noches. Podemos estar juntos plenamente, de todo corazón.

Las circunstancias cambiaron, pero no antes que él.

El negocio de Zac regresó del borde de la muerte y va a funcionar. Hoy Kate y Charlie viven no demasiado lejos, pero incluso esta semana surgió en la conversación una posible mudanza y no se me detuvo el corazón, no se me contrajo el pecho. De hecho, fue una conversación amena en la cual soñamos sobre cómo podría irles. Las circunstancias de nuestras vidas se sienten más apacibles, pero he aprendido a saborearlo todo al mismo tiempo, desde las lágrimas en el suelo con mi hijo de secundaria hasta la alegría de una boda y el comienzo de una nueva familia. Aprendí que todo ello es igual de rico y bueno y no quiero perderme nada de ello.

Todos los sentimientos con toda nuestra gente.

Zac me cuenta que ni una sola vez se sintió solo, ni siquiera cuando su depresión estaba en su peor momento. Y fue porque la gente que había estado donde él estaba ahora se había arrimado a él y rehusado permitir que se ahogara. La mera presencia de ellos le decía día tras día que, a pesar de lo mal que se sentía, a pesar de lo desconocido que parecía para sí mismo, las cosas mejorarían con el tiempo. Llegaría al otro lado.

Esta, por cierto, es en parte la razón por la que estaba decidida a escribir este libro, para que cualquiera que estuviera pasando apuros emocionales pudiera encontrar ánimo para mantenerse en el rumbo. Aun la persona más atascada puede salir del atolladero. Zac y yo somos la prueba viviente de ello. Mi meta es que, si alguna vez se sienten atascados, lleguen a creerlo también.

LOS DONES DE LA SALUD EMOCIONAL

Eugene Peterson escribe muy hermosamente que: "el propósito de la persona de fe es... vivir tan profunda y minuciosamente como sea posible para lidiar con la realidad de la vida, descubrir la verdad, crear belleza, obrar con amor."[74]

Sí. Eso es vivir. Esa es la obra redentora de Dios a través de nosotros en la tierra. Sentirlo todo y nombrarlo y transmitir la esperanza de Dios a un mundo desesperado.

Quería llamar a este libro: *Diez mil dólares en asesoramiento*. Porque me esforcé al máximo por lograr algo imposible. Ayudarte a sentirte tomado en cuenta; ayudarte a navegar el vasto océano salvaje de tus emociones y mientras lo hacen, reconectarte con los tuyos y con Dios. Objetivos elevados para un tema muy elevado. Espero que al menos hayas sentido que te brindé algo de ayuda en tu andar.

A medida que llegamos al final del viaje estoy muy consciente de que estas palabras son limitadas, que no puedo ayudarte a vivir perfectamente saludable emocionalmente y libre. Dios puede y lo hará con el tiempo. Él lo está trabajando todo en aquellos de nosotros que le seguimos. Pero a medida que avanzamos, quiero dejarte algunos regalos para que notes el crecimiento de tu salud emocional.

REGALO #1: *TENEMOS DE NUEVO ESPERANZA*

Hace unas noches fui a cenar con Emily, una de mis mejores amigas. Se sentó y sin preámbulo, empezó a hablar: "Temo que estoy deprimida." Emily está haciendo un montón de terapia en este momento, trabajando en décadas de basura endurecida, desenterrándola toda. Dijo: "Siento como si todavía todo empeorara, en vez de mejorar."

Todavía. Aún tenía esperanzas de que se diera un giro. Era una mínima esperanza, pero hoy, en el momento mismo en que escribo estas palabras, ella está en el consultorio de su terapeuta para su próxima sesión porque, a pesar de lo desesperadas que parecen algunas circunstancias, ella elige tener la esperanza suficiente para acudir y darle a Dios espacio para trabajar.

La resiliencia, la perseverancia, requieren esperanza. Nos quedaríamos siempre en la cama si no fuera por la esperanza. Creemos, aunque sólo sea un poquito, que las cosas podrían ser mejor de lo que son.

La meta del enemigo para ti es la desesperanza.

Que dejes de esperar que tu hijo se sane de su desorden alimenticio.

Que dejes de esperar que tu matrimonio sea más llevadero.

Que dejes de esperar que tu depresión o tu ansiedad mejoren.

Que dejes de esperar que las personas que te rodean sean un lugar seguro y no compartas con ellas tus problemas.

Que dejes de esperar que Dios pueda hacer que todos los errores de tu vida tengan sentido.

Que dejes de esperar que la sanación sea posible.

Esa es su gran maquinación y su plan y usará cualquier táctica para arrebatarte la esperanza.

¿Saben qué me entristece? Que te puedas sentir desamparado. Desesperanzado. Pero si conoces a Jesús estás entonces lleno del Espíritu Santo, que es la más grande ayuda sobrenatural de todos los tiempos. Mejor siempre que cualquier superhéroe. Él contiene todo el conocimiento y el poder. Él es tuyo en Cristo Jesús. **Nunca estás desamparado.** Mientras te invito a sentir tus emociones, eso no significa que ellas tengan autoridad sobre ti. Tú tienes la autoridad sobre ellas gracias a Cristo Jesús.

En este mundo tenemos problemas. Es un hecho.

Y Jesús ha vencido al mundo. Es un hecho.

REGALO #2: *CRECEMOS EN GRACIA HACIA NOSOTROS MISMOS Y HACIA LOS DEMÁS*

En la universidad me influyeron profundamente los escritos del difunto teólogo Brennan Manning. Su obra más famosa se titula *The Ragamuffin Gospel* (*El Evangelio de los andrajosos*), pero vale la pena leer todos y cada uno de los libros de su lista. Así es de bueno. Sin embargo, a pesar de sus proezas literarias y de su impacto a favor del reino de Dios —hablo de millones y millones de libros vendidos—, Brennan luchó contra los demonios de la adicción hasta el día de su muerte.

Sobre la marcha, la gente le preguntaba a Brennan cómo era posible que pudiera amar a Jesús tanto como decía que lo amaba y al mismo tiempo "elegir" beber hasta desmayarse con cierta frecuencia. ¿Cómo podía estar tan apegado a Jesús sin dejar de ser adicto al alcohol? ¿No eran estas dos cosas mutuamente excluyentes? ¿No hubiera tenido que elegir?

Apuesto a que habría deseado poder elegir.

En respuesta a preguntas, suposiciones y acusaciones de este tipo, Brennan siempre decía un dicho. No lo decía con orgullo, sarcasmo o grosería; la decía desde la humildad, a menudo mientras sacudía la cabeza por su propia incapacidad para elegir: "Son cosas que pasan."

Y así es, esas cosas pasan.

La vida es compleja. Es enmarañada. Está marcada por la confusión, la curiosidad y el dolor. En demasiadas ocasiones nos identificamos menos con el llamado de Jesús a la santidad perfecta que con el lamento del apóstol Pablo por hacer lo que no quería, en lugar de lo que Él hacía.[75] A veces, es suficiente para que nos dé ganas de abandonar, desconectarnos, perder la esperanza.

Lo que la respuesta de Brennan significa para mí es que, puestos a elegir entre la desesperación absoluta y la concesión de que las cosas aquí en el planeta Tierra no son exactamente como deseamos que sean, yo también elegiría la concesión. "Estas cosas pasan" también sería mi jugada.

Del mismo modo, "estas cosas pasan" es una forma de reconocer que, aunque la hermosa locura que llamamos "vida" es del todo imperfecta, ¿no seguimos deseando vivirla? ¿No seguimos intentando volar?

Para describir mi viaje hacia el bienestar emocional, "imperfecto" sería una palabra bastante adecuada.

Hace aproximadamente un año, me acerqué a una reunión y oí por casualidad que una amiga le decía a otra algo negativo que parecía referirse a mí, lo cual me tomó por sorpresa. Había tanto ajetreo en aquel lugar que pude pasar desapercibida y que ella no supiera que había oído lo que decía. Pero en cuanto pude hallar una salida elegante, me fui derechito a casa y me refugié en mi habitación.

Estaba destrozada. ¿Cómo había podido hacerme eso?

Todo aquello me escocía profundamente y no sabía qué hacer. Pero no podía quedarme de brazos cruzados. Nos hemos comprometido a participar juntas en la vida de la comunidad.

Varios días después, cuando mi caída en picada emocional se sosegó, llamé a mi amiga. Atendió. Le dije: "¡Ey!", y luego, con toda la calma que pude, le dije que había oído lo que había dicho de mí en la fiesta, que me sentía muy malinterpretada; que pensaba que nuestra amistad era un lugar seguro para mí; y que había confiado en ella antes, pero que ahora no sabía si podía.

Hubo un compás de silencio y luego dijo: "Lo siento mucho, Jennie. Tienes razón."

En un tono tranquilo y cariñoso, mi amiga me confió una situación de su vida de la cual yo aún no me había enterado. En medio del torbellino de pensamientos y emociones que recorrían mi mente y mi corazón, colgué aquella llamada pensando: "Entiendo por qué dijo lo que dijo y vamos a estar bien."

Sin duda, hubo algunos momentos incómodos después de aquel calvario. Ella se sintió mal. Yo me sentí enjuiciada. Tardamos un minuto en volver a sentirnos en confianza. Pero nos recuperamos y, de hecho, nuestra amistad creció porque esas cosas pasan. Así es, ocurren.

El punto es, que este proceso te va a poner en situaciones incómodas, pero la incomodidad mejora con el tiempo.

Quiero pedirte valor porque, cuando empiecen a reconocer cómo te sientes de verdad y a compartir esos sentimientos con otros seres humanos que viven y respiran, pasarán cosas incómodas como si nunca fueran a dejar de pasar. Alguien hablará mal. Alguien malinterpretará. Alguien se ofenderá. Alguien compartirá más de la cuenta. Alguien regará una información confidencial. Y así, sucesivamente. Pero si tu experiencia resulta parecida a la mía, con el tiempo lo incómodo empezará a normalizarse. Las cosas mejorarán con el tiempo.

Y mientras esa dinámica se asienta un poco, intento tener dos cosas en mente: en primer lugar, no necesito que las personas con las que comparto sean perfectas todo el tiempo. Si ese fuera mi criterio, saldría reprobada de mi propia prueba imposible. **Somos personas deterioradas que viven en un mundo dañado, todos y cada uno de nosotros.** Esperar a que individuos defectuosos se las arreglen para ser perfectos es un problema personal, no un problema con ellos.

Eso es lo primero. Lo segundo es esto: Yo también meto la pata muy a menudo.

Puedo decir algo equivocado y lo hago. Puedo malinterpretar y lo hago. Puedo ofenderme fácilmente y así lo he hecho exactamente. Es una ridiculez hasta qué punto puedo compartir más de la cuenta. Y como puedo hacer las cosas tan mal, puedo perdonar rápidamente a otros cuando hacen lo mismo.

¡Este asunto es incómodoo! Pero ¿saben qué? También vale la pena. Estamos hechos para la vida en común. Somos confusos e imperfectos y lo mostramos. Demostramos ser confusos porque Dios nos concede esa gracia.

REGALO #3: *TENEMOS A DIOS*

A medida que crezcas en sinceridad de sentimiento y salud, cada vez más y al parecer como sin *querer*, empezarás a llevarle tus sentimientos a Jesús antes de tratar de darles sentido por tu cuenta.

La verdad acerca de lidiar con nuestras emociones es, que si no se las llevamos a Dios es probable que nos abrumen. Pues bien, no tienen por qué abrumarnos.

Publiqué una encuesta en Instagram en la que le preguntaba a la gente cómo se sentían acerca de sus emociones y qué les impedía alcanzar la salud emocional que al parecer todos deseamos. Uno de los temas principales que surgió fue el de saber si nuestras emociones son de algún modo pecaminosas o equivocadas.

- ¿Estás segura de que está bien sentir mis emociones? ¿No me convierte acaso en un cristiano irresponsable o en alguien que carece de verdadera fe en Dios?
- ¿Cómo puedo desaprender que algunos sentimientos son malos/vergonzosos/malignos, si eso fue lo que me enseñaron en la iglesia?
- ¿Qué es lo que distingue sentir enojo, de pecar por sentir enojo? ¿O de experimentar una emoción cualquiera, de pecar por sentirla?

Nos hacemos estas preguntas —y otras parecidas— cuando dejamos de creer que Dios nos hizo las personas que somos hoy, con todo y una amplia gama de emociones. No es en lo más mínimo irresponsable sentir plenamente nuestras emociones, si esas emociones han sido entregadas a Dios. No existe la más mínima "emoción negativa" si entregamos con cuidado cada emoción a Dios. No debemos temer en lo más mínimo actuar de manera inapropiada si tan pronto como experimentamos la emoción, nos volvemos hacia Dios y decimos: "Por favor, ayúdame."

Es mucho mejor considerar nuestras emociones como los dones que son en lugar de reprimirlas para que no nos hagan pecar. No somos nuestras emociones. Nuestras emociones no duran para siempre. **Dios anhela usar nuestras emociones para ayudarnos a vivir mejor esta cosa llamada vida.**

Recordarás que, cuando empecé a reunirme con gente de mi comunidad y el Dr. C., le dije al grupo que me invadían la frustración y el enojo porque me sentía dejada a la deriva por Dios. Me había sentido sostenida por Él y luego abandonada y eso me dolía más de lo que puedo describir. Pero como lo averiguaron los discípulos que estaban con Jesús en una barca una vez que estalló una tormenta, esas tormentas que enfrentamos con nuestro Dios nos llevan a una intimidad más profunda con Él.

Dios no me había dejado a la deriva.

Dios no me había abandonado.

Dios había permitido que las olas se levantaran y los vientos soplaran para que yo hundiera mi rostro en Él.

Lo que Dios busca en tu vida y en la mía es relación.

Es proximidad.

Es intimidad.

Es paz.

Él te quiere a ti.

Me quiere a mí.

Quiere que encontremos nuestro alivio en Él.

Los discípulos al fin se dieron cuenta de que *estaban bien*, cuando le entregaron su miedo a Jesús.

Estamos bien. Estamos bien. Todo saldrá bien.

Ese resultado vale también para nosotros. Dios no nos pide que dejemos de tener miedo, de estar preocupados o frustrados, enfadados o tristes. Simplemente nos pide que nos mantengamos a Su lado. "El que habita al abrigo del Altísimo morará a la sombra del Omnipotente", dice el Salmo 91. "Diré yo a Jehová: Esperanza mía y castillo mío; Mi Dios, en quien confiaré. Él te librará del lazo del cazador, De la peste destructora. Con sus plumas te cubrirá, Y debajo de sus alas estarás seguro; Escudo y adarga es su verdad."[76]

Realmente estamos bajo sus alas, bien arropados, sanos y salvos. Y en ese lugar de refugio podemos sentir cualquier cosa que necesitemos sentir.

REGALO #4: *CONTROLAMOS LO QUE PODEMOS Y DEJAMOS DE INTENTAR CONTROLAR LO QUE NO PODEMOS*

Hoy, al recordar las páginas de mi libro *Controla tu mente*, me sorprende lo absolutamente cruciales que son las palabras de este libro para esas perspectivas anteriores.

Sí, tenemos control sobre nuestros pensamientos, pero la vida nunca es tan clara y sencilla. Antes de tener un pensamiento, tenemos un sentimiento, una sensación abstracta de que algo está mal o bien y ese sentimiento no va a desaparecer porque lo deseemos o recemos para que así sea. Tiene que salir a la superficie y ser atendido, calmado, hacer que se sienta seguro. Y cuando eso ocurre, sanamos. Entonces nuestros pensamientos también cambian.

Tenemos dominio y autoridad dada por Dios sobre nuestras mentes, ¡es verdad! Si aún no has leído ese libro, espero que vayas a buscarlo. Tuve la intención de que los dos libros se complementaran. Ambos son tan ciertos y, sin embargo, tan diferentes, porque somos criaturas complejas creadas por un Dios imposible de abarcar con nuestra mente.

Acabo de oír a un amigo mencionar la oración de la serenidad que se pronuncia al principio de cada reunión de Alcohólicos Anónimos. Creo que se aplica perfectamente en este caso.

"Dios, concédeme la serenidad
para aceptar las cosas que no puedo cambiar,

el valor para cambiar las cosas que puedo,
y la sabiduría para reconocer la diferencia."

Algo de la vida podemos controlar, y mucho, no podemos.
Algunos pensamientos podemos interrumpirlos y algunos sentimientos no desaparecerán hagamos lo que hagamos. Y Dios quiere estar en todo ello con nosotros. En la barca que navega por el océano en medio de todo.

REGALO #5: *EMPEZAMOS A CREAR DE NUEVO*

En Eclesiastés 3:1-8, el rey Salomón, considerado el hombre más sabio que jamás haya existido, escribió lo siguiente:

"Todo tiene su tiempo y todo lo que se quiere debajo del cielo tiene su hora.
Tiempo de nacer y tiempo de morir;
tiempo de plantar y tiempo de arrancar lo plantado;
tiempo de matar y tiempo de curar;
tiempo de destruir y tiempo de edificar;
tiempo de llorar y tiempo de reír;
tiempo de endechar y tiempo de bailar;
tiempo de esparcir piedras y tiempo de juntar piedras;
tiempo de abrazar y tiempo de abstenerse de abrazar;
tiempo de buscar y tiempo de perder;
tiempo de guardar y tiempo de desechar;
tiempo de romper y tiempo de coser;
tiempo de callar y tiempo de hablar;
tiempo de amar y tiempo de aborrecer;
tiempo de guerra y tiempo de paz".

Se supone que la vida tiene un ritmo, nos dice este pasaje. Se supone que experimentaremos altibajos. Debemos esperar estaciones en nuestra existencia. Las cosas no están destinadas a permanecer iguales. La vida sigue a la muerte, que sigue a la vida. Hay que desarraigar para balancear la siembra. Sí, lloramos, pero volveremos a bailar.

Mi consejero, el Dr. C. (alias Dr. Curt Thompson) tiene una hipótesis que me encanta. Dice que una de las maneras de saber que estamos empezando a progresar en nuestra salud emocional es cuando empezamos a *crear* de nuevo.[77] Cuando estamos atascados en el ciclo de enjuiciar y luchar contra nuestras emociones —ocultándolas, controlándolas o recurriendo a mecanismos de defensa para intentar superarlas— toda nuestra energía se consume en el proceso y no nos queda energía *para vivir, para crear.*

A partir del momento en que aprendemos a sentir nuestras emociones y a no huir de ellas ni enjuiciarlas, liberamos toda la energía que dedicamos durante años a *no sentirlas.* Entonces, podemos vivir la vida como debe ser, con sus altibajos, su alegría, su dolor, su duelo, su danza, su amor y, a veces, su pérdida. La existencia cobra todos sus matices, donde antes sólo existía el gris. Aun más: toda esa energía que estábamos malgastando, está por fin a nuestra disposición para aportar algo hermoso al mundo.

El verano pasado, Dios me dio una visión que sentí demasiado grande para mí. Era la visión de organizar una reunión para Su gloria en la que participarían personas de todo el mundo. Curiosamente, si esa visión hubiera venido a mí dos años antes, dado lo poco sana que estaba emocionalmente, probablemente me habría reído. Habría dicho que no. "¿Que quieres que haga qué cosa? ¿Ah sí? Pues no, no va a suceder." Demasiada presión. Demasiada carga. Demasiado probable que fracasase.

Pero no fue entonces cuando Él me dio esta visión.

Me la dio cuando comencé a sanar.

A medida que avanzamos hacia el bienestar emocional aumenta nuestra capacidad de servir. A medida que avanzamos hacia el bienestar emocional, aumenta nuestra capacidad de dar. A medida que avanzamos hacia el bienestar emocional, aumenta nuestra capacidad de *cuidar*.

Dios sabía que yo tenía espacio para cuidar, así que Él me invitó a crear.

Ayer me senté en una habitación durante ocho horas completas con un equipo de personas que Dios congregó en torno a esta visión particular y ¿saben cómo me sentí mientras conducía a casa después de un día tan largo?

Vigorizada.

Emocionada.

Dispuesta a seguir.

¿Cómo es posible? ¿Ocho horas? ¿Batallando con temas supercomplejos? ¿Haciendo algo que parece demasiado grande?

Pues sí: dispuesta a seguir. *Vamos, Dios mío. Vamos a darle.*

Dios quiere darse rienda suelta a través de nosotros, por nosotros, pero si ignoramos o nos enredamos en los lazos que nos acercan a Él y a los demás, nos perderemos todo: la creación, el amor, la paz, la conexión, la esperanza, lo mejor de lo mejor de nuestra corta vida aquí.

En el cielo nos volveremos completos, libres y estaremos bien. Esa promesa viene para aquellos que confían en Jesús. Pero yo quiero eso ahora. Quiero esa plenitud y libertad para nosotros aquí, si nos corresponde tenerlas. Y sí nos corresponde.

15

VALE LA PENA LUCHAR
POR TUS EMOCIONES

Como suelo decir, no existe una fórmula infalible para desenredar nuestras emociones. Pero podemos progresar y los regalos de la salud emocional que describí en el capítulo anterior pueden asegurarnos que vamos por buen camino. Una vía que vale la pena seguir, te prometo. Es el sendero que conduce a la plenitud de corazón, a la solidez emocional, a la paz.

No hace mucho, reflexionaba sobre el viaje que emprendí, esta gran y audaz transformación de Jennie la Arregladora hacia Jennie la Sensible. No diría que llegué, si es que la llegada es siquiera una posibilidad, pero sin duda he recorrido un sendero tan largo que ya no hay forma de dar marcha atrás.

En nuestra familia de seis, mi hija Kate siempre ha sido nuestra gran "sensible"; nuestra hija, por mucho, más emotiva. Desde que puedo recordar, mientras que la mayoría de la gente tiene corazón, el corazón de Kate siempre la tuvo a ella. Siempre sintió el dolor de todo el mundo. Siempre participó de la alegría de todos. Siempre se enamoró con facilidad, decidida a creer lo mejor, siempre lo mejor. Y aunque esto pueda sonar como una hermosa forma de vivir, también ella siempre me preocupó.

¿No iría a ser herida, ofendida, lastimada o agraviada de alguna manera?

En demasiadas ocasiones acudía a Kate con el cinturón de herramientas puesto, deseosa de reparar lo que fuera que estuviera echado a perder en su mundo. Y todas las veces, sin excepción, me miraba y me decía: "No me arregles, mamá."

¿Se te ocurre algo peor que decirle a una arregladora de toda la vida que *no quieres* que te arregle? Me sentía destrozada cada vez. "¡Pero si arreglar es lo que se me da bien! Quizá lo único que hago bien."

Quería ser la madre que Kate necesitaba. De verdad lo quería. Pero no tenía las herramientas adecuadas.

Hace varios meses, estaba sentada frente a Kate escuchándola explicar una profunda razón de aflicción en su vida. Lloraba mientras buscaba las palabras adecuadas. Mi bebé, ahora casada, estaba triste. Y en ese momento, fue como si yo de repente pudiera ver lo que pasaba en pantalla dividida. En una, estaba Kate elaborando ese asunto terriblemente doloroso. Y en la otra, yo me percataba de que no tenía ningún deseo de arreglar el asunto. Tan solo estaba sentada allí. Totalmente presente. Como testigo de fe de su emoción. Siendo un lugar seguro para mi niña.

En momentos de soledad, puedo caer en ese horrible lugar en el que me pateo por haberme equivocado todos esos años. "¿Por qué no pude ser antes lo que Kate necesitaba? ¿Por qué tardé tanto en aprender?".

Déjenme decirles lo que me sorprende cada vez que me pregunto cosas como ésta: podría haber sido la madre más perfecta del mundo para Kate y aun así, no habría podido satisfacer hasta la última de sus necesidades emocionales. Lo que ella necesitaba sólo Jesús podía proporcionárselo. Y afortunadamente, ella acudió a Él.

Zac también acudió a Él. Al terminar hoy este libro, muchas de las cosas que se vinieron abajo al principio han sido restauradas. Él está sano y risueño y lleno de todas las cosas que lo hacen ser otra vez Zac. Antes de que su compañía se recuperara, él se había restablecido. Aprendió el arte de percibir, poner en palabras, sentir y compartir la tristeza y la alegría. Yo todavía estoy aprendiendo. De modo que mi corazón no puede evitar sentirse aliviado de que estemos en un tiempo para la alegría.

MIENTRAS HABLÁBAMOS en el grupo pequeño anoche, mi amigo el pastor dijo una frase que he escuchado muchas veces: "Sólo quiero luchar por la alegría." Esta vez cobró otro sentido y es que tal vez es lo que quiero para mí y para ti con este libro, o tal vez eso quise para ti cuando empecé.

Pero anoche, mientras todos compartían sus miedos, sus penas, sus decepciones y su enojo, me sentía feliz con todo eso. Incluso reaccioné y dije: "Me alegro de tener amigos que también luchan por la tristeza, el enojo y el temor, porque de alguna manera la esperanza se siente más real en medio de esas cosas, que en los días en que todo ha ido bien y estamos llenos de alegría."

Si examino la vida que he tenido y pienso en mis experiencias más profundas con Dios, estas no se dieron en los días en que sentía alegría. Se dieron en los días en que el temor no me dejaba bajarme del auto, en que las lágrimas no me dejaban entrar a la oficina, en que el enojo no me dejaba siquiera hablar.

Sí, luchemos por la alegría, porque tenemos
muchos motivos de alegría;
muchos motivos de esperanza;
muchos motivos de gratitud.

Pero para desconcierto del mundo, sintámonos también tristes, enojados y temerosos cuando corresponda, no porque nuestro Dios no sea lo suficientemente grande para conquistar esas cosas, sino porque Él es lo suficientemente grande para contenerlas. Nuestra fe es suficiente para tener esperanza en medio de ellas.

Él nos hizo capaces de portar alegría, tristeza, miedo, enojo y más todavía, todo al mismo tiempo. Ayer, parte de mí temía que estas palabras no tuvieran suficiente significado como para cambiar algo y parte de mí no puede creer que haya logrado construir este discurso para ti. Mi tarea es darte aliento e indicarte a Jesús.

La alegría y el temor pueden coexistir en mi cuerpo en la misma circunstancia y exactamente al mismo tiempo. Quizá por eso el mundo entero se siente hoy deprimido y ansioso. Olvidamos que podemos albergar miedo y alegría, tristeza y esperanza en el mismo momento. Cuando pienso en lo que nos reserva la vida a Zac y a mí, parte de mí teme todo lo que todavía tendremos que enfrentar con respecto al trabajo, a los niños, a las dificultades personales, mucho de lo cual está fuera de nuestro control y parte de mí no puede esperar a ver lo que Dios nos tiene reservado. Así es como debería ser.

Durante mucho tiempo simplemente no lo supe.

La nueva yo no le teme a las emociones. Las espera. Vienen en oleadas tras oleadas, a veces por una circunstancia y a veces por mi estado de ánimo. A veces simplemente porque soy humana. Hoy acojo esos sentimientos a medida que aparecen. Les percibo, formo una palabra alrededor de lo que son, permito que se filtren y asienten en todas mis partes porque puedo estar triste y no caer en el pozo oscuro que temí toda mi vida. Y si tienen suficiente importancia, puedo hablar de ellos con alguien. Y si duran demasiado, decido qué debo hacer al respecto.

Esto no es tan organizado como lo hice ver. Es la parte más confusa de la vida. Es el asunto menos susceptible de control. A pesar de haber desenmarañado muchas de mis emociones, siguen ondeando al viento suplicando que alguien coja la cuerda y haga que todo cobre sentido.

La madurez que alcancé consiste en: ahora no necesito que todo cobre sentido; y no necesito hacer juicios al respecto. Puedo vivir en la tensión del dolor y de la felicidad, todo en una misma hora; puedo reír y llorar en un mismo momento. Y eso representa una vida plena que no hubiera querido perderme.

Volví a sentir. Eso me dio mis mejores amistades y conversaciones. Y me llevó a mi mayor esperanza, que es ese día futuro en el que cada lágrima se secará y cada error se corregirá. Cada dolor será sanado por toda la eternidad porque, si lo conocemos, se cumplirá nuestra conexión última con Dios y con los demás.

Un día lo entenderemos todo. Lo veremos todo como Él lo ve. Mientras tanto, tenemos a Dios y los unos a los otros y el chance de vivir esta vida única con corazones enteros, vivos, que laten, sienten, llenos, conectados a Dios y a los demás. Esa es la vida que quiero.

Esa es la vida que Él quiere para nosotros.

AGRADECIMIENTOS

Este ha sido el libro más difícil que he escrito. ¡Tantas tensiones que contener! Y sabía que todo aquel de ustedes que lo leyera llegaría a esta conversación desde un lugar diferente. Zac dice que es mi libro más valiente. Y así lo sentí.

Aprendí el secreto de la vida: Nunca hagas nada solo. Cuanto más miedo produce algo, más gente necesitas a tu alrededor. Yo tenía un ejército.

Primero, a las personas a las que está dedicado este libro y con las que vivo a diario: me permitieron sentir mi camino hacia mis propias emociones embarazosamente y con mucha paciencia. Mis amigos se ríen de que casi a diario, mientras escribía, utilizaba las palabras "Yo siento...". Y muchos de esos días el sentimiento era triste, abrumado o asustado. Y ustedes se quedaron conmigo, me escucharon y rezaron e incluso sintieron conmigo en los peores días.

Gracias por ser las personas de confianza con las cuales compartir: Ashley, Lindsey, Jennie E., Kat A., Carla, Michelle, Ellen, Liz, Kat. M, Jess, Melissa, Toni, Jamie, Ann, Callie, ¡y otros más! ¡Gracias por darme confianza y preocuparse, a veces hasta más que yo, por este trabajo!

En segundo lugar, Zac Allen: te encargaste de todo por meses y meses, mientras yo solo pensaba en dedicarme por entero a este trabajo. E insististe en que compartiera tu historia aquí, sabiendo que ayudaría a muchas personas y, con suerte, a muchos hombres a encontrar la salud emocional. Tu celo por la sinceridad ha sido mi ejemplo en este viaje. Gracias a ti.

A mis hijos: siempre me dan ánimo de una forma que no merezco porque este trabajo a veces me aparta de ustedes. Nunca se quejan; ¡me animan! Se preocupan. Quieren enterarse. Quieren leerlo. Eso significa un mundo para mí. Conner, Kate, Charlie, Caroline y Coop, ustedes saben que son mi parte favorita de la vida. Ustedes son mi vida, ¡y quiero ser saludable emocionalmente para ustedes! Rezo por ser un lugar seguro para todos sus sentimientos y estaciones. Los amo.

A mi familia: mamá y papá, ¡gracias por ser tan constantes! Siempre me he sentido a salvo con ustedes. Supieron querernos y proporcionarnos un hogar seguro y lleno de amor para que Brooke, Katie y yo floreciéramos. ¡Han sido unos padres increíbles! Les estoy muy agradecida. Y Carolyn y Randy, ¡ustedes hicieron a mis dos seres humanos favoritos en la tierra! Zac es el hombre más increíble gracias a ustedes y Ashley es mi mejor mejor amiga. ¡Muy bien hecho, a los cuatro, por saber querernos!

Chloe, hemos tenido un verdadero paseo estos últimos diez años. Sé que nada de este trabajo sería lo que es sin tu ayuda entre bastidores. Eres la mejor compañera de equipo y amiga. Gracias por mantener la calma cuando me vuelvo loca. Gracias por hacer que todos los platos sigan dando vueltas en el aire cuando yo me retiro durante meses a escribir. Gracias por los días de trabajo en equipo ayudándome a investigar y leyendo y editando cada palabra. ¡Gracias por tu creatividad que le da forma a toda mi obra!

Y a Emily, Terri, Molly y Julia, ¡ustedes mantienen todo en marcha y hacen que difundir mi trabajo en el mundo sea tan divertido! Gracias por formar parte de este equipo y comprometerse a conseguir que esto ayude a la gente.

Parker, cada vez que escribir sola se volvía algo excesivo, te llamaba, tú dejabas lo que estuvieras haciendo y mecanografiabas mis palabras durante un rato, solo para que yo no tuviera que estar sola. Hiciste que estos meses fueran posibles. Gracias por venir a acompañarme a todas las cosas aburridas. No puedo creer que sigas diciendo que sí a mis locuras.

Mi equipo de IF: Gathering, ¡este año ha requerido más fe y trabajo que ningún otro! Se encargaron de una visión de peso mientras yo estuve fuera escribiendo. Siento mucho la presión que mi ausencia ejerció sobre ustedes. ¡Y a pesar de eso ustedes celebran lo que escribo, aparecen para intercambiar ideas conmigo, y me apoyan en formas que no hubiera podido soñar! Brooke, Hannah M., Amy Bay, Lisa, Jordyn, Hannah B., Caroline (Parker) B., Jessie, Kaley G., Greer, Callie, Halee, Elizabeth, Amanda, Meg, Kayley M., Aly, Traci, Katy, Kristen, Merich, el nuevo equipo nuevo y el anterior: lo hicieron posible. ¡¡¡Gracias!!! Y por todo lo que viene, ¡que va a ser épico! ¡Vamos allá!

El equipo Yates y Yates, ¡gracias por arriesgarse conmigo! A veces me siento más feliz de nuestras victorias por ustedes que por mí. Porque corrieron un gran riesgo, ¡y siempre me siento tan aliviada de que valiera la pena! Gracias por mostrarme aprecio y venir a celebrar conmigo. ¡Estoy tan agradecida por estos diez años juntos! Curtis y Karen, pertenecen a nuestra familia. Y no puedo imaginar que no nos hubiéramos conocido hace tantos años. Nuestras vidas no serían las mismas.

WaterBrook, ¡nuestra relación ha sido de tanta ayuda para mi trabajo! Creyeron en mí más de lo que yo he creído en mí misma. Dijeron mil síes que ayudaron a que nuestro trabajo juntos llegue a todo el mundo. ¡Gracias por la importancia que le dan!

No podría pedir mejor equipo: Tina, Campbell, Bev, Ginia, Jo, Elizabeth, Laura W., Todd, Lori y tantos otros.

Y por último a Ashley Wiersma y Laura Barker, ¡este libro no existiría ni serviría de ayuda en lo más mínimo si no fuera por el amor de ustedes y su compromiso con él! Ashley, tu ayuda con la investigación, tus ideas y tu creatividad me hicieron creer que esta era una buena idea y ¡ayudaste a que existiera! Me encanta que seamos tan diferentes y honestas la una con la otra. ¡Mejora el trabajo! Y Laura, pierdes el sueño y luchas para que todo esté bien. Eres la mejor editora con la que haya trabajado.

NOTAS

Aunque este proyecto me llevó cientos de horas escribiendo sola, sabía que no estaba sola. ¡Gracias a ustedes por atender mis locas llamadas y por preocuparse tanto como yo de que esto sea todo lo que Dios quiere que sea!

CAPÍTULO 1: ¿DE DÓNDE VINO *ESO*?

1. Mary West, "What is the Fight, Flight, or Freeze Response?" [¿Qué es la respuesta luchar, huir, quedarse quieto?] *Medical News Today*, 29 de julio de 2021, https://www.medical-newstoday.com/articles/fight-flight-or-freeze-response.

CAPÍTULO 2: TODO ENMARAÑADO

2. Jonathan Edwards, *Jonathan Edwards' Resolutions: and Advice to Young Converts* [Las resoluciones de Jonathan Edwards: y Consejos a los jóvenes conversos], ed. Stephen J. Nichols, (Phillipsburg, NJ: P&R Publishing, 2001), p. 17.

3. "What Makes Memories Stronger?" [¿Qué refuerza los recuerdos?] The University of Queensland, https://qbi. uq.edu.au/brain-basics/memory/what-makes-memories-stronger.

4. Pete Scazzero, *Emotionally Healthy Spirituality: It is Impossible to Be Spiritually Mature, While Remaining Emotionally Immature* (Grand Rapids: Zondervan, 2017), p. 44. Trad. cast. *Espiritualidad emocionalmente sana: Es imposible tener madurez espiritual si somos inmaduros emocionalmente*, Editorial Vida, Harper Collins Christian Publishing, 2008.

5. Robert Osserman, "Knot Theory" [La teoría de nudos], *Encyclopedia Britannica*, 17 de mayo de 2016, https://www. britannica.com/science/knot-theory.

CAPÍTULO 3: ¿DÓNDE EMPEZÓ LA CONFUSIÓN?

6. Lindsay C. Gibson, *Adult Children of Emotionally Immature Parents: How to Heal from Distant, Rejecting, or Self-Involved Parents* (Oakland, CA: New Harbinger Publications, 2015), p. 164. Trad. cast. *Hijos adultos de padres emocionalmente inmaduros: cómo recuperarse del distanciamiento, del rechazo o de los padres autoinvolucrados*, editorial Sirio, Málaga, 2017.

7. Jeremías 17:9.

8. *Oxford English Dictionary*, s.v. "ascetism (*n.*)," https://doi. org/10.1093/OED/1207163590. En el Diccionario de la Real Academia, "asceta" es la "persona que, en busca de la perfección espiritual, vive en la renuncia de lo mundano y en la disciplina de las exigencias del cuerpo".

CAPÍTULO 4: LA VERDAD SOBRE NUESTROS SENTIMIENTOS

9. Jill Seladi-Schulman, "What Part of the Brain Controls Emotions?"[¿Qué parte del cerebro controla las emociones?], Healthline, 24 de julio de 2018, https://www.healthline.com/health/what-part-of-the-brain-controls-emotions#:~:text=The%2520limbic%2520system%2520is%2520a%-2520group%2520of%2520interconnected,brain%2520that%25E2%2580%2599s%2520responsible%2520for%2520be-havioral%2520and%2520emotional%2520responses.

10. Adam Hoffman, "Can Negative Thinking Make You Sick?" [¿Puede el pensamiento negativo enfermarlo a uno?], Health, 4 de enero de 2023, https://www.health.com/condition/heart-disease/can-negative-thinking-make-you-sick.

11. Therese J. Borchard, "7 Good Reasons to Cry: The Healing Property of Tears" [Siete buenas razones para llorar: La propiedad curativa de las lágrimas] ed. Scientific Advisory Board, Psych Central, 29 de mayo de 2011, https://psych-central.com/blog/7-good-reasons-to-cry-the-healing-property-of-tears#1.

12. "Exercise: 7 Benefits of Regular Physical Activity" [Siete beneficios de la actividad física regular] Mayo Clinic, 8 de octubre de 2021, https://www.mayoclinic.org/healthy-lifestyle/fitness/in-depth/exercise/art-20048389#:~:text=Physical%2520activity%2520stimulates%2520various%2520brain%2520chemicals%2520that%2520may,can%2520boost%2520your%2520confidence%2520and%2520improve%2520your%2520self-esteem.

13. 2 Pedro 3:9, nvi.

14. Isaías 53:3.

15. Lucas 22:41-44.

16. Isaías 63:10; Efesios 4:30.

17. Santiago 4:4-5.

18. Romanos 8:26.

19. Hebreos 4:15.

20. Efesios 4:26.

21. Mateo 5:28.

22. Veáse Romanos 6.

CAPÍTULO 5: EXPERTOS EN MANIOBRAS EVASIVAS

23. "GeneSight Mental Health Monitor: Addictive Behaviors" [Monitor GeneSight de salud mental: Conductas adictivas] GeneSight, https://genesight.com/mental-health-monitor/addictive-behaviors.

CAPÍTULO 6: CREADOS PARA CONECTAR

24. Juan 8:31-32, 36.

25. 1 Corintios 2:9-11.

26. Éxodo 3:14.

27. Mateo 18:3, nvi.

28. Mateo 5:4.

29. Hebreos 4:15-16.

30. Lucas 4:18-19, nvi.

31. Salmos 51:6, nvi.

32. Génesis 2:18.

33. Curt Thompson, PhD, *Anatomy of the Soul: Surprising Connections between Neuroscience and Spiritual Practices that Can Transform Your Life and Relationships* [Anatomía del

alma: Conexiones sorpresivas entre la neurociencia y las prácticas espirituales que pueden transformar su vida y sus relaciones] (Carol Stream, IL: Tyndale Refresh 2010), 99.

CAPÍTULO 7: UNA VISIÓN DE ALGO MEJOR

34. Deuteronomio 31:8.

CAPÍTULO 8: MÁS ALLÁ DE BIEN

35. Sanjay Srivastava, Maya Tamir, Kelly M. McGonigal, Oliver P. John, and James J. Gross, "The Social Costs of Emotional Suppression: A Prospective Study of the Transition to College" [Los costos sociales de la represión emocional: Un estudio prospectivo de la transición a la universidad] *Journal of Personality and Social Psychology,* vol. 96,4 (2009), 883-97, https://doi.org/10.1037/a0014755.

36. Lucy Cousins, "Can Always Staying Positive Be Bad for Our Health?" [¿Ser siempre positivo puede ser malo para la salud?] The Hospitals Contribution Fund of Australia Limited, agosto 2022, https://www.hcf.com.au/health-agenda/body-mind/mental-health/downsides-to-always-being-positive.

37. Una selección de conceptos de este capítulo, condensados y adaptados, son tomados de Lisa Feldman Barrett, *How Emotions Are Made* (Boston: Houghton Mifflin Harcourt, 2017). Trad. cast. *La vida secreta del cerebro: cómo se construyen las emociones,* Paidós, Buenos Aires, 2018.

38. Marcos 5:34.

39. Mary C. Lamia, "Getting Things Done, Procrastinating or Not" [Hacer las cosas: Procrastinar o no] *Psychology Today*, 8 de marzo de 2017, https://www.psychologytoday.com/us/blog/intense-emotions-and-strong-feelings/201703/getting-things-done-procrastinating-or-not.

CAPÍTULO 9: EL VOCABULARIO DE LA EMOCIÓN

40. 2 Corintios 4:8, nvi.

41. Daniel J. Siegel, M.D., *The Whole-Brain Child: 12 Revolutionary Strategies to Nurture Your Child's Developing Mind* (New York: Bantam Books 2012), 27 Trad. cast, Daniel J. Siegel y Tina Payne Bryson, *El Cerebro del niño: 12 estrategias revolucionarias para cultivar la mente en desarrollo de tu hijo,* Vergara, España, 2019.

42. Juan 1:38; Mateo 8:26; Mateo 14:31; Mateo 20:32; Juan 21:17.

43. Mi abordaje de las Cuatro Grandes emociones se basa en parte en mi estudio de la obra del psicólogo clínico e investigador Paul Ekman. Pueden encontrar más información sobre su obra y sus intuiciones en PaulEkman.com.

44. Juan 10:10.

45. Juan 15:11.

46. Santiago 1:19.

47. Éxodo 34:6.

48. Efesios 4:26.

49. Efesios 4:26, nvi.

50. Joseph P. Forgas, "Four Ways Sadness May be Good for You" [Cuatro maneras en que la tristeza puede ser buena para uno], *Greater Good Magazine,* 4 de junio de 2014,

https://greatergood.berkeley.edu/article/item/four_ways_sad-
ness_may_be_good_for_you#:~:text=Scientists%2520are%-
2520finding%2520out%2520how%2520sadness%2520wor-
ks%2520in,4.%2520Sadness%2520can%2520impro-
ve%2520interactions%252C%2520in%2520some%2520ca-
ses.

51. Salmos 103:13-14.

52. Isaías 41:10; Jeremías 1:8; Mateo 14:27; Mateo 10:31, nvi;
Lucas 12:32; John 14:27, nvi.

53. Para una lectura fascinante sobre este tema, pueden revisar el libro de Lisa Feldman Barrett, La *vida secreta del cerebro: cómo se construyen las emociones,* Paidós, Buenos Aires,
2017.

54. Todd B. Kashdan, Lisa Feldman Barrett y Patrick E. McK-
night, "Unpacking Emotion Differentiation: Transfor-
ming Unpleasant Experience by Perceiving Distinctions
in Negativity" [Desentrañar la diferenciación de la emoción: Transformar la experiencia displacentera percibien-
do distinciones de negatividad] *Current Directions in
Psychological Science,* vol. 24,1 (2015), 10–16. https://doi.
org/10.1177/0963721414550708.

CAPÍTULO 10: DENSE ALGO DE ESPACIO

55. Santiago 1:2-4.

56. Gabor Maté, M.D., *When the Body Says No: Exploring the
Stress-Disease Connection* (Nashville: Turner Publishing
2003), 166. Trad.cast. *Cuando el cuerpo dice no,* Gaia, España, 2021.

57. Brett Ford citado en Marianna Pogosyan, "Can Emotions Be Controlled?" [¿Pueden las emociones ser controladas?] *Psychology Today*, November 27, 2018, https://www.psychologytoday.com/us/blog/between-cultures/201811/can-emotions-be-controlled.

CAPÍTULO 11: NO ESTÁN SOLOS EN ESTO

58. Mateo 11:30.
59. Juan 11:25-26.
60. Romanos 12:15, nvi.
61. Romanos 5:3-5, nvi.

CAPÍTULO 12: QUÉ HACER CON LO QUE SE SIENTE

62. "U.S. Teen Girls Experiencing Increased Sadness and Violence," CDC press release, February 13, 2023. https://www.cdc.gov/media/releases/2023/p0213-yrbs.html#print.
63. Mateo 7:7.
64. Salmos 126:5.
65. Mateo 5:4.
66. Juan 16:33, niv.
67. Véase Salmos 34:18.

CAPÍTULO 13: TRATANDO CON NUDOS OBSTINADOS

68. "Endocrine System: What Is It, Functions, and Organs" [El sistema endocrino: Qué es, funciones y órganos], Cleveland

Clinic, 12 de mayo de 2020, https://my.clevelandclinic.org/health/articles/21201-endocrine-system#:~:text=The%20hormones%20created%20and%20released.

69. Blaise Pascal, *The Pensées on Human Predicament,* (New York: Penguin Classics, 1985). Also: Blaise Pascal, "Section II: The Misery of Man Without God," trans. W.F. Trotter, *Pensées,* https://www.leaderu.com/cyber/books/pensees/pensees-SECTION-2.html. Trad. cast. Pascal, *Pensamientos,* Espasa-Calpe, Madrid.

70. Linda Stone, "Beyond Simple Multi-Tasking: Continuous Partial Attention" [Más allá de la mera multitarea: La atención parcial continua], LindaStone.net, 30 de noviembre de 2009. https://lindastone.net/2009/11/30/beyond-simple-multi-tasking-continuous-partial-attention/. Me encontré por primera vez con este concepto en el libro de Brian Mackenzie, Dr. Andy Galpin y Phil White, *Unplugged: Evolve from Technology to Upgrade Your Fitness Performance and Consciousness* [Desconectado: Salirse de la tecnología para mejorar su rendimiento físico y su conciencia] (Las Vegan: Victory Belt Publishing 2017), p. 83.

71. Eva Selhub, MD, "Nutritional psychiatry: Your brain on food" [Psiquiatría nutricional: El cerebro y la comida] *Harvard Health Blog,* 18 de septiembre de 2022. https://www.health.harvard.edu/blog/nutritional-psychiatry-your-brain-on-food-201511168626

72. Linda Searing, "The Big Number: The average U.S. adult sits 6.5 hours a day. For teens, it's even more" [El Gran Número: El adulto estadounidense promedio pasa 6,5 horas al día sentado] *The Washington Post,* 28 de abril de 2019. https://www.washingtonpost.com/national/health-science/the-big-numberthe-average-us-adult-sits-65-hours-a-day-

for-teens-its-even-more/2019/04/26/7c29e4c2-676a-11e9-a1b6-b29b90efa879_story.html.

73. Kara-Marie Hall, "What Are the Benefits of Sunlight?" [¿Cuáles son los beneficios de la luz del sol?] *GoodRX Health*, 27 de mayo de 2022. www.goodrx.com/health-topic/environmental/benefits-of-sunlight.

CAPÍTULO 14: LIBRE DE SENTIR

74. Eugene Peterson, *Run with the Horses: The Quest for Life at Its Best* (Downers Grove, IL: InterVarsity Press 2019), p.148. Trad. cast. *Correr con los caballos: La búsqueda de una vida mejor*, Paidós, Buenos Aires, 2006.

75. Romanos 7:15.

76. Salmos 91:1-4, nvi.

77. Para leer más acerca de este tema, adquiera un ejemplar del libro de Curt Thompson, *The Soul of Desire: Discovering the Neuroscience of Longing, Beauty, and Community* [El alma del deseo: Descubrir la neurociencia de la nostalgia, la belleza y la comunidad] (Downer's Grove, IL: InterVarsity Press 2021).